抖音短视频
涨粉 66 招

一凡　宋武　SAM　著

化学工业出版社
·北京·

内 容 提 要

《抖音短视频涨粉66招》总结了抖音短视频涨粉的66个技巧。66招，招招实用。内容涵盖从线上到线下，从主流平台到小众渠道，从文字、图片、语音到视频，从内容策划、制作、营销推广到主播个人修养提高等方面。

为了便于阅读，本书共分为8章，分别为吸粉篇、内容篇、账号篇、直播篇、视频制作篇、引流变现篇、营销推广篇、行业实践篇。每一章都是基于粉丝运营和管理展开的，全面揭秘抖音短视频涨粉技巧，助力解决运营人员粉丝资源少、掉粉严重、粉丝转化率低等问题，能够帮助广大草根抖音运营人员向网红、大咖华丽转身，轻松实现抖音流量和粉丝变现，获取短视频红利。

图书在版编目（CIP）数据

抖音短视频涨粉66招／一凡，宋武，SAM著．—北京：化学工业出版社，2020.8（2024.2重印）
ISBN 978-7-122-37049-5

Ⅰ．①抖⋯ Ⅱ．①一⋯ ②宋⋯ ③S⋯ Ⅲ．①网络营销 Ⅳ．①F713.365.2

中国版本图书馆CIP数据核字（2020）第083093号

责任编辑：卢萌萌　　文字编辑：刘 璐　陈小滔　　装帧设计：水长流文化
责任校对：王佳伟　　美术编辑：王晓宇

出版发行：化学工业出版社（北京市东城区青年湖南街13号　邮政编码100011）
印　　装：涿州市般润文化传播有限公司
710mm×1000mm　1/16　印张13¼　字数229千字　2024年2月北京第1版第5次印刷

购书咨询：010-64518888　　　　　　　　　售后服务：010-64518899
网　　址：http://www.cip.com.cn
凡购买本书，如有缺损质量问题，本社销售中心负责调换。

定　　价：59.80元　　　　　　　　　　　　版权所有　违者必究

前言

机会面前人人平等，只是有的人能及时抓住，享受红利；而有的人只能眼睁睁地看着溜走，束手无策；更有些人对机会浑然不知。

流量时代，渠道为金，内容创作者对于流量的争夺也愈加激烈。能及时抓住机会的人赚得盆满钵满，抓不住机会的人赚不到钱，只剩羡慕和嫉妒。抖音就为很多人提供了一个赚钱的机会。

自2020年以来，随着5G网络的普及、5G智能设备的完善，短视频、直播行业迎来了一个增长拐点，而抖音则成为全民关注的焦点。而全民关注的背后就蕴含着大量赚钱机会。

"千羽佳"本是一名厨师，兼职做搞笑影视视频剪辑，新账号仅仅发布3个视频，就涨粉17万；第一个视频播放量超过15万，第三个视频播放量突破1700万。

电商从业者"DEAM"，注册了10多个抖音带货账号，平均每天每个账号预估佣金超过3000元。

"梦大"，一个"95后"抖音新手，尝试用抖音直播卖货，一个月直播带货100万元，纯利润超过10万元。

这样的例子有很多，可能有人会好奇地问，他们凭什么一条视频就涨粉10万，凭什么赚这么多钱？原因就是他们看到了短视频背后的巨大流量，并且顺势而为，抓住了这个难得的机会。正如雷军曾说："一个人要做成一件事情，其实本质上不是在于你多强，而是你要顺势而为，于万仞之上推千钧之石。"顺势而为就能赚钱。

机会有了，问题随之也来了，玩抖音的人很多，但真正利用其赚钱的却很少，能成为月入几万、几十万的短视频弄潮儿的更是少数人。主要原因在于粉丝太少，或者质量不高。如果把抖音看作一个产品，你必须是一个合格的产品经理，既要懂得产品的打造之法，又能将产品推销出去，吸引到大量粉丝的关注。

本书围绕抖音短视频涨粉技巧而写，全书分为8章，分别是吸粉篇、内容篇、账号篇、直播篇、视频制作篇、引流变现篇、营销推广篇、行业实践篇，每一章都是基于粉丝吸引、运营和管理展开的。8章囊括66个技巧（66招），涵盖从线上到线下，从主流平台到小众渠道，从文字、图片、语音到视频，从内容策划、制作、营销推广到主播个人修养提高等方面，招招实用。

作者有丰富的抖音短视频实战经验，全面揭秘涨粉技巧，解决运营人员粉丝资源少、掉粉严重、粉丝转化率低的问题，帮助广大草根抖音运营人员向网红、大咖华丽转身。

限于作者时间和水平，书中难免存在疏漏之处，敬请广大读者批评指正。

目录

第1章 吸粉篇：
读懂粉丝，是留住粉丝的前提　001

第1招　瞄准最核心的群体
　　　——给目标受众画像　002

第2招　找到用户的痛点
　　　——善于挖掘粉丝的痛点需求　005

第3招　照顾粉丝的情绪
　　　——用情感触动粉丝的关注　006

第4招　制造有轰动效应的话题
　　　——给视频植入热门话题　008

第5招　善于激发粉丝好奇心
　　　——突出视频的"奇"与"精"　011

第6招　给粉丝良好的第一印象
　　　——给视频取个好标题　013

第2章 内容篇：
稳定、持续的内容输出是留住粉丝的根本　017

第7招　了解抖音平台内容运行机制
　　　——提升视频发布效果的3个要点　018

第8招	深刻把握内容升级的机会	
	——火山、抖音合并带来的内容升级	022
第9招	为内容建一个素材库	
	——注重积累，厚积薄发	024
第10招	根据用户需求规划内容	
	——粉丝需求才是最终需求	026
第11招	打造内容深度与专业度	
	——做好内容细分	029
第12招	提高内容的精准度	
	——高效利用抖音标签	031
第13招	坚持内容正面导向	
	——多关注抖音热搜	033
第14招	提升内容的关注度	
	——借势社会热点	035
第15招	打造内容的独特性	
	——构建内容独有的调性	037
第16招	让内容有情怀有温度	
	——植入情感因素，善打情感牌	040
第17招	实现内容的差异化	
	——打造属于自己的作品	043
第18招	优化选择和获取视频内容之原创	
	——原创很难，但有套路	045
第19招	优化选择和获取视频内容之模仿	
	——按模板走，省心高效	047

第3章　账号篇：
"高颜值"账号才能快速占领粉丝的心　050

第20招	账号注册成功后先"养号"	
	——常用的4个养号技巧	051

第21招	有针对性地设置	
	——账号昵称和头像有玄机	**053**

第22招	迈向"抖音大咖"行列	
	——账号蓝V认证	**057**

第23招	实现与同类账号的差异化	
	——分析抖音大号的内容特点	**059**

第24招	对账号进行精准定位	
	——嵌入与视频内容有关的关键词	**062**

第25招	提升账号权重	
	——让账号快速挤进热门之列	**064**

第26招	构建账号矩阵	
	——发挥账号群的作用	**067**

第27招	利用官方"刷量"工具	
	——巧用"DOU+"功能	**072**

第28招	避免踩入封号误区	
	——绝对不能触碰的6条红线	**075**

第4章

直播篇：
直播比短视频更高效触达、驱动用户 **078**

第29招	抖音直播带货	
	——抖音直播带货的流程与技巧	**079**

第30招	开通抖音直播带货	
	——开通抖音直播带货的步骤与条件	**084**

第31招	借助公会的资源扶持	
	——加入一个靠谱的抖音公会	**086**

第32招	主播要善于发挥自身优势	
	——做自己最熟悉、最擅长的内容	**088**

第33招	提升粉丝观看体验	
	——与用户互动，不一样的感受	**090**

v

第 34 招　提供增值服务
　　——让用户看视频后有"利"可图　　092

第 5 章　视频制作篇：
内容的完美度决定着粉丝的留存率　094

第 35 招　封面
　　——封面是门面，门面好点击率才高　　095

第 36 招　文案
　　——优秀的文案为视频画龙点睛　　098

第 37 招　音乐
　　——音乐是抖音视频的标配　　102

第 38 招　特效
　　——让视频内容具有特殊效果　　105

第 39 招　拍摄
　　——好的镜头决定好的视频　　108

第 40 招　道具
　　——拍摄设备影响视频画面质量　　112

第 41 招　剪辑
　　——精心的剪辑让视频与众不同　　114

第 6 章　引流变现篇：
引流是抖音变现的保证，没有变现一切都为零　117

第 42 招　评论区引流
　　——评论区是个巨大的流量池　　118

第 43 招　音乐平台引流
　　——抖音热门音乐榜单有玄机　　121

第 44 招	活动引流	
	——积极发起一场抖音挑战赛	123
第 45 招	社交平台引流	
	——"两微一Q",一个不可少	126
第 46 招	社群引流	
	——社群粉丝更精准,利用不同的社群	130
第 47 招	软文引流	
	——在文章中植入关键字,编写推广文案	133
第 48 招	数据引流	
	——抖音视频中5组关键数据	136
第 49 招	"抖音+"组合引流	
	——通过抖音之外的平台盈利	140

第 7 章 营销推广篇：
在黄金15秒内完成"病毒式"传播 143

第 50 招	明确抖音营销有哪些优势	
	——迎合用户注意力结构	144
第 51 招	对抖音平台进行营销定位	
	——抖音在营销中的4个定位	147
第 52 招	了解抖音对营销的促进作用	
	——抖音在营销中的4个作用	150
第 53 招	抖音营销模式设想	
	——抖音营销的4种营销模式	154
第 54 招	选对商品是抖音营销的关键	
	——抖音爆款产品的特点	157
第 55 招	直观展示商品,以实现高效转化	
	——掌握抖音购物车的用法	159
第 56 招	让视频快速触达用户	
	——搜索关键词的设置技巧	162

第57招	视频的推广	
	——与大号强强联合	164
第58招	视频的推广	
	——借助小号推主号	166
第59招	营销结果总结与反思	
	——做好视频的复盘工作	169

第8章 行业实践篇：实践出真知，抖音营销助力多个行业转型升级　　173

第60招	抖音＋泛娱乐	
	——两极分化严重却不乏亮点	174
第61招	抖音＋游戏	
	——新一轮烧钱大战全面爆发	178
第62招	抖音＋大众消费	
	——开启高度垂直化"浪潮"	183
第63招	抖音＋电商	
	——开启一系列的销售新模式	186
第64招	抖音＋旅游	
	——丰富旅游业的变现途径	192
第65招	抖音＋教育	
	——缓解线下资源紧缺的局面	195
第66招	抖音＋传统行业	
	——促使传统营销转型升级	197

第1章 ▶ 吸粉篇：
读懂粉丝，是留住粉丝的前提

> 移动互联网时代是注意力经济时代，用户的注意力在哪里，我们就要去哪里做营销。唯有抓住用户的注意力，追赶用户，才能抓住赚钱机会，罗辑思维创始人罗振宇说，未来的商业没有什么竞争，只有追赶用户。

第1招
瞄准最核心的群体
——给目标受众画像

粉丝画像是根据社会属性、生活习惯和其他行为等信息抽象出的一个标签化的粉丝模型，然后通过这个粉丝模型找到目标人群。同样，做抖音营销，只有为你的目标受众画像，才能真正地搞懂他们，从而让他们聚集在自己身边，成为忠实粉丝。

在为目标受众画像上，抖音平台本身就做得非常精细。抖音的定位是做一款面向年轻人的音乐类短视频平台，它的定位决定了用户基本集中在18~35岁年龄段，而这批人恰恰又是这个社会上消费最旺盛的群体。因此，当你选择利用抖音做营销时，在某种程度上就抓住了一大批潜在用户。如果你所发的视频内容与抖音用户定位又比较一致，那么，视频就会在短期内得到大量关注，你就会拥有大量粉丝。

那么，抖音用户主要有哪些特征呢？具体表现在以下2点。

（1）年纪较轻

抖音作为一款专注于年轻人的音乐视频类平台，18~35岁年龄段的用户是主体。据2019年11月到2020年1月间的一项统计，抖音用户中24岁以下的占总人数的27.91%，25~30岁的占比28.80%，31~35岁的占比26.30%，36~40岁的占比12.24%，40岁以上的占比4.75%。

可见，抖音用户年轻化趋势十分明显，如图1-1所示。

（2）性别以女性为主

纵观所有抖音用户，女性用户居多，以2020年1月统计为例，女性用户占比高达66.10%，远超男性，如图1-2所示。这与其他短视频平台形成鲜明对比，很多平台男性用户居多，因此，抖音可以适当挖掘女性用户群体，挖掘潜在用户的需求，进而优化对她们的服务。

第1章 | 吸粉篇：读懂粉丝，是留住粉丝的前提

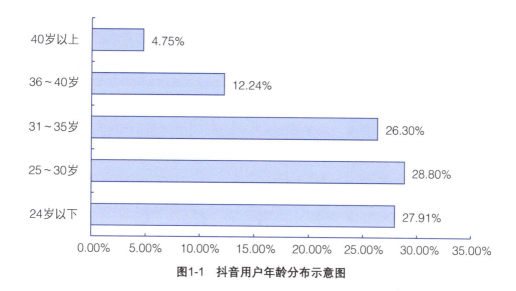

图1-1 抖音用户年龄分布示意图

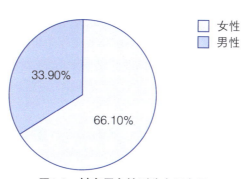

图1-2 抖音用户性别分布示意图

在明确了抖音平台上的用户总体特征后，运营人员还需要围绕自己的产品进行用户细分。之所以要进行细分，目的是建立和丰富粉丝画像，这是为粉丝画像的关键，能使其更加形象化、立体化。

案例1

蘑菇街是一个针对18～25岁年轻女性的电商平台，而这部分人恰恰是抖音用户中最活跃的一部分，这部分人可直接转化为潜在用户。因此，当蘑菇街开通了抖音

账号后,很快就收到非常好的效果,获得点赞量14.5万,粉丝近20万人,蘑菇街抖音账号如图1-3所示。

抖音用户的标签只是基础数据,如果想建立清晰的画像远远不够,必须对更多数据进行细致分析,并赋予画像更多的元素,使其更加立体和饱满。

那么,具体应该如何细分呢?大致有3个步骤,如图1-4所示。

图1-3 蘑菇街抖音账号

图1-4 用户细分的3个步骤

(1) 调研

细分粉丝需要掌握更多的数据,这些数据是作为粉丝画像优先级划分的依据。运营人员可以根据调研后的这些数据进行划分。

(2) 分类

调研之后就是以粉丝需求为目标,结合其行为、观点的差异进行分类,并在每种类型中抽取出典型特征,赋予各种标签,最后形成一个画像框架。

(3) 赋予元素

确定了粉丝框架,还需要添加一些特定元素使画像丰满起来,包括性别、年龄、爱好、地区等。但这都是基本元素,除这些基本元素之外,还需要再使用更多元素,比如消费偏好、消费场景等。

在添加画像元素的过程中,需要注意元素不能太小也不能太大。如果细到每一个粉丝每一具体的生活场景,基本不太可能;但是如果颗粒度太大,只是年龄、地域、爱好、性别等等,其对抖音矩阵的建立也就失去了指导意义。

第 2 招
找到用户的痛点
——善于挖掘粉丝的痛点需求

你的视频为什么没有粉丝关注,最关键原因是没有抓住他们的痛点需求。在拍摄或发布一个视频之前,必须问自己3个问题:视频想向粉丝传递哪些信息?粉丝为什么要关注你的视频?粉丝能从视频中获得哪些好处和有价值的东西?

如果能回答以上3个问题,就意味着你抓住了粉丝的痛点需求,而一旦抓住了粉丝的痛点需求,那视频势必会获得更多人关注。

在这里有必要解释一下什么是痛点需求。人的需求大致有三种,分别为刚性需求、附加值需求、痛点需求。三种需求迫切程度不同,对消费行为的促进也不同。刚性需求是"我想买",附加值需求是"我要买",痛点需求是"我不得不买"。三者是一种递进关系,刚性需求是基本需求,痛点需求是高等需求,当前一种需求得到满足时,自然会追求更高一级别的需求。三种需求关系如图1-5所示。

图1-5 三种需求关系示意图

满足痛点需求就是满足消费者最迫切,或超出预期的需求,解决他们感到最痛苦、最敏感的那一部分问题。痛点即痛苦,人们对痛苦的事情往往难以承受,找准令消费者感到痛苦的需求,然后集中全力去满足,那离成功就不远了。

案例 2

打车问题,对于现代人来说就是刚需,但滴滴打车软件却能找到人们打车的痛点需求。打车的痛点需求是什么？大多数人都知道打车难，对于打车一族来说，找车是一大难题，想打车却不知道司机在哪里。滴滴打车软件的核心就是解决难打车这个痛点。

再如菜刀，实实在在的刚需，家家需要，也正因为此，再好的菜刀也很难成为爆品，因为所有的产品只抓住了切菜、剁肉的普通需求，而没有解决用户痛点——菜刀使用过程中经常需要磨。这时市场上一款陶瓷刀由于很好地解决了这一问题而脱颖而出，这款永远也不需要磨的菜刀成了爆品。

很多人做抖音营销，账号定位和人设IP模糊不清，你想要吸引的目标人群是谁？你能给他们提供什么样的价值？你有哪些个性鲜明的人设特征吸引他们的关注？如果没有想清楚这些问题，就算做再久的短视频，都不会取得好的成绩。

唯有痛点才是最迫切的需求，唯有最迫切的需求才能令用户心动。如果你的视频仅仅满足的是用户刚性需求或普通需求，而不是最迫切的需求，那么很难是一个好视频。因此，要想获得更多粉丝，必须知道粉丝的痛点在哪儿，并根据这些痛点去做视频内容，解决令他们最痛苦的问题，让其产生不得不看的感觉。

第 3 招

照顾粉丝的情绪
——用情感触动粉丝的关注

情感类的内容一直是一个很大的引流内容源，从博客时代，到微博时代，再到微信公众号时代，情感类的内容热度一直居高不下。纵观那些成功的抖音视频，都有一个共同的特质，就是"走心"，善于用情感触动粉丝的内心，从粉丝的情感需要出发,把情感融进营销中,唤起、激起粉丝的情感需求,引起粉丝心灵的共鸣。

要想做好抖音营销,获取粉丝关注,运营人员也必须会打情感牌,具体做法如图1-6所示。

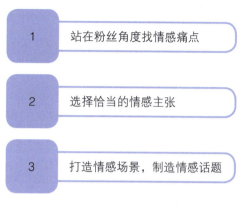

图1-6　利用情感牌吸引粉丝的3个做法

（1）站在粉丝角度找情感痛点

做情感类营销时要从粉丝的角度出发,去感知他们对视频内容的看法、他们的情绪以及探究他们想要的东西。从自我的角度出发做的情感类营销,很容易高估粉丝对视频内容的理解,粉丝看不懂抖音主播做的视频内容,也体会不到视频所表达的感情,于是不能选择最恰当的情感主张。

每条视频一定是针对特定粉丝群体的,而粉丝群体有很多种情绪,所以我们在策划的时候就一定要利用好这些情绪,无论是用在视频标题上面,还是视频的文案台词上面,最大限度地照顾粉丝的情绪。

（2）选择恰当的情感主张

既然要打情感牌,那么就需要一个贯穿主旨的情感主张。这个情感主张可以是亲情、友情、爱情,也可以是坚韧、顽强、拼搏、自立等一些美好品质。但究竟如何找到一个最恰当的情感主张,以下文为例。

比如很多做关于母婴的抖音号,就是针对准妈妈和新妈妈这一群体。这一群体中很多人有一种内疚感情绪,如陪伴太少,教育不够科学,或者没怎么给孩子买玩具等,这些都会让做父母的有一种内疚感。

同样，还有焦虑情绪，比如哄宝宝睡觉很艰难，或者宝宝脾气非常坏，爱扔东西，爱吃手，这都会引发焦虑。

假如在视频中能照顾到这些情绪，并且把这些情绪体现在视频场景塑造里面，有针对性地设计标题或文案，就比较容易引发这一群体的情感共鸣，满足这一群体最核心的需求。

这样只要能提供一些弥补方案，就能解决痛点问题。

（3）打造情感场景，制造情感话题

利用情感赢得粉丝关注其实并不容易，很多账号都在走情感路线，但实际效果并不好。其原因就在于缺少一个场景和话题，如果只是在视频中硬性地嵌入某种情感，而没有场景的反衬、话题的引导，情感就会显得很苍白。因此，要想有好的效果，就要设计场景、制造话题。

一个具体的场景、好的话题能让粉丝更直观地看到视频的特性。比如你想要在抖音视频中展现一瓶化妆水，那么在文案中就应该营造出女性使用这款化妆水的场景，如约会、旅行、聚会等场景，粉丝就可以直观地感受到这瓶化妆水的特性，再据此判断是否值得点击观看。

第 4 招
制造有轰动效应的话题
——给视频植入热门话题

一个视频常常需要含有某个话题，因为只有有了话题才能引发粉丝的参与热情，有了话题，才能促使粉丝更深入、充分地参加到视频的互动中来，从而大大提

升视频的浏览量、点赞量和转发量。

抖音官方经常会发起一些热点话题,这些话题会引发大量的大咖、网红或名人参与。假如你在拍摄视频时,能结合这些话题,势必会提升视频内容的含金量。

案例3

抖音上曾发起一个"踢瓶盖挑战"的话题活动,如图1-7所示。这一活动引发了一大批名人参与。功夫巨星甄子丹、世界拳王徐灿、影视演员谢霆锋等,他们纷纷录制自己开瓶盖的视频上传到抖音,获得大量关注和点赞,一众明星的纷纷加入,将这次挑战赛推上37.7亿次播放的高热度。

活动期间,一位账号为"玲爷"的韶关女孩也参与了话题,一连拍摄了4期"踢瓶盖挑战"的视频。从普通的踢瓶盖开始,后又拍了踢风油精瓶盖、高跟鞋开啤酒瓶盖、踢螺丝帽等多个挑战视频,这些视频大多能斩获两三百万的点赞量,大大提升了自身的知名度和影响力。

这个韶关女孩是一位全职短视频拍摄者,在这之前是模特,由于平时喜欢看一

图1-7 抖音上的"踢瓶盖挑战"的话题活动

些国外的挑战类视频,看多了自己也想尝试一下。她最开始拍的是扔墨镜、丢可乐瓶,2018年8月发布的一条丢可乐瓶的视频,一夜之间给她带来80多万的点赞量和100多万的粉丝,这对于当时粉丝基数只有几千的她来说,完全是难以想象的。

当然,涨粉并不总是一帆风顺的,再无所不能的人也会有焦虑的时候。曾经有三四个月的时间,她的粉丝数一度停滞不动,一条视频发布后只能涨粉几千或一两万。这和最初一条视频涨粉百万相比,落差实在太大了。没有新视频,伴随而来的是账号热度下降,还出现了掉粉现象,平均每天掉粉两三千,一共掉了近五万个粉丝。

为了满足粉丝的需要,她和团队不断提升视频中动作的难度。尽管高难度动作的视频拍摄周期长,常常7天到10天才能更新一次,但他们觉得为了保持品牌水准,这种坚持是有必要的。

同时,参与官方的话题性活动,终于在"踢瓶盖挑战"中找到了机会。该活动将其特长充分展现出来,这对于在抖音上已经是一位小有名气、擅长做挑战类动作的她来讲,无疑是一次绝佳机会,截至2020年2月,她的粉丝已经超过1200万人,视频点赞量1.5亿次。

可见,要想吸引粉丝离不开话题。抓热门话题非常重要,话题的作用主要表现在3个方面,如表1-1所列。

表1-1 话题的3个作用

作用	详细解释
引流	热门话题流量相对较大,即使主题本身与内容不太相符,因为热门主题的流量非常大,在账号的冷启动阶段也会带来良好的流量
内容输出的前提	做抖音短视频营销,最基本要求就是持续稳定地输出内容,而内容持续输出的前提是一定要有自己的话题
确定视频主题	话题也是主题的意思,适当的主题可以帮助系统准确定位视频的内容,推荐更精准的粉丝,使账号在冷启动阶段获得更好的开始

当然,这个话题也不能随心所欲地找。一般来讲需要注意以下3点。

(1)与视频内容调性相吻合

话题要与视频内容调性相吻合,目的是能最大限度地体现视频的优势,关于这一点就不再赘述。从上述案例中可以清晰地看出来,选择的话题不合适,对视频内容的提升是十分有限的,甚至会起到反作用。

(2)话题要不断更新

一般来说短视频账号的内容三四个月会迭代一次,对于用户来说,可能今天特别喜欢这一个账号,但是连着十几天看这个账号的视频,用户的兴趣就会下降。如果加上账号本身的内容比较单一的话,就非常难突破。

（3）打造话题矩阵

所谓话题矩阵就是对话题做各种级别的划分，通常可分为S级、A级或是突发状况的级别。

S级话题，一般是容易引起粉丝共鸣或者具有讨论价值的热门话题；A级话题是日常性质的话题，用作与粉丝的日常互动；突发状况级别的话题是根据粉丝特殊需求、特殊节日或其他特殊情况而定的话题。每周更新的视频也会给它标上不同的任务目标，比如周末一般是目标受众活跃度比较高的时候，所以S级的话题就会放在周六或者周日上午来更新，周二、周三是粉丝活跃度比较低迷的时候，就会放一些其他级别的话题来更新。

第5招
善于激发粉丝好奇心
——突出视频的"奇"与"精"

抖音之所以有大量粉丝关注，最主要的一个原因就是粉丝的好奇心驱使，包括美拍、秒拍、抖音火山版小视频等短视频平台也是如此，大多数人都是怀着好奇之心去观看一段视频。假如这段视频足够新奇就会继续关注，反之，就会弃之。

这也促使视频运营人员，要想让自己的视频得到粉丝持续关注，必须善于激发他们的好奇心。然而，一个或偶尔几个能保持对粉丝足够的吸引力不难，难的是每一个视频都有这样的效果。

那么，如何做到每个视频都能对粉丝有足够吸引力呢？有两点需要注意：一是要做到"奇"；二是如果做不到"奇"，一定要做得"精"。

（1）奇

"奇"就是奇特、新奇，同时又能引发粉丝的好奇，具有"奇"这一特点的视频大都能持续吸引粉丝关注。例如：目前市场上做美食类的抖音账号非常多，而"野食小哥"的视频就是以奇取胜。

案例 4

"野食小哥"是抖音上的带货达人，他曾经通过抖音购物车功能，一天就达到了7万多流水。严格意义上来说他的视频也算是美食类的节目，但是奇就奇在，节目中所有的美食，都不是在厨房做的，而是在野外，依靠大自然里所有可以用的工具，做出一道又一道美味，如图1-8所示。

在这一条制作竹筒饭的视频中，竹筒饭的竹子是小哥走进山里亲手砍下来的，米是小哥利用山间的溪水清洗干净的，包括烧饭的火，都是利用山里的枯枝生起来的。

其实，做竹筒饭是一件很平淡无奇的事情，但是在做竹筒饭前加上"野外"两个字就完全不一样了。

图1-8　"野食小哥"竹筒饭视频

"野食小哥"的整个视频没有任何的台词，也没有什么高潮的部分，但在看视频时，大家基本上都会看到小哥吃完最后一口竹筒饭。

一方面，因为大家都会有猎奇的心理，看惯了城市里的煤气灶天然气，也想看看在野外做美食是怎样一种情况。

另一方面，大家也存在着一种好奇心，野外砍下来的竹子真的能直接做竹筒饭吗？没有煤气灶该怎么生火呢？这样烧出来的饭，真的能吃吗？

这种阶梯式的疑问引导着大家看完这一整段视频，并且得到了最后的结果，野外做的竹筒饭真的是能吃的，并且确实是很美味的样子。

第1章 | **吸粉篇**：读懂粉丝，是留住粉丝的前提

（2）精

"精"是指精准、精细、精致，关注细节。做得"精"的以"一条""二更"为典型。这两个账号每一条视频做得都很精，当然这也是需要花费众多人力、物力，甚至是财力的，单单这一点就让大部分短视频团队输在了起跑线上。

二更是国内知名的原创短视频内容平台，因在每晚二更时分（21—23点），推送一条原创视频而得名。二更作为新媒体视频内容公司，其对内容的打造始终本着精益求精的态度，在短视频内容生产规模、全网传播量、品牌价值上都处于全国行业领先地位。

基于此，二更在开通抖音账号后迅速吸引了大量粉丝，至2020年6月，已经高达70.4万粉丝，如图1-9所示。

图1-9 "二更"抖音短视频账号

第 6 招

给粉丝良好的第一印象
——给视频取个好标题

好的标题有两个重要作用：一是激发用户兴趣，吸引用户点击；二是命中机器

的推荐逻辑，争取上抖音热门。无论哪个作用，说到底都是为了辅助视频传播，获得粉丝浏览和关注。

好的标题能够辅助视频实现点击量过10万的小目标，获得大量粉丝，而不好的标题不但起不到这样的作用，反而有可能会埋没优质内容。那么，应该如何给视频拟写好标题呢？这里有6个方法，如图1-10所示。

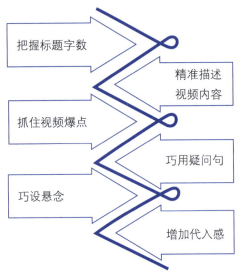

图1-10　为视频拟写好标题的方法

（1）把握标题字数

抖音平台对视频标题的字数是有要求的，通常为10～30字，20字左右最佳。字数过多或过少系统都会自动提示不允许发布。需要注意的是10～30字包括标点、汉字、英文字母字符，比如，有的符号占两个汉字空间，也记为两个字。

（2）精准描述视频内容

标题是对内容的高度总结，必须能精准地体现出视频核心内容，让粉丝通过标题就能知道整个内容可能在讲一个什么事实。

同时，出于平台推荐的需要，也必须精准地体现内容，为其提供算法依据。一一般来讲，抖音会依据标题，提取分类关键词进行推荐，这直接决定着随后视频的点播量与评论数。清晰的标题会更容易被算法定向推荐给目标用户，更容易让用户在海量信息的Feed流（用来接收信息来源更新的接口）中判断是否点击观看你的视频，并在此基础上形成"越播越推"的良性循环。

（3）抓住视频爆点

什么样的关键词才是适合用来精准描述内容的呢？答案是能够抓住视频"最劲爆点"的词语。

同样的视频，100%的内容在标题上进行了200%的展现就是成功。所以，运营者要尽可能多地将视频中劲爆的点挑选并呈现在标题上，以此来提高标题的辨识度。

另外，尽量将视频内容中的爆点放在标题的开头，帮助用户"划重点"，降低阅读成本。

（4）巧用疑问句

标题的惯用句式包括陈述句、感叹句和疑问句，每种句式各有特色。其中陈述句表达完整性最强，应用也最为普遍，但其呈现相对不容易出彩；感叹句有利于表达态度与观点，但使用要避免流于形式，如"震惊！""美炸了！"只能抒发你的个人情绪，放在标题中就是无病呻吟；疑问句往往能够激起用户强烈的好奇心，引导效果一般比感叹句式更好。

（5）巧设悬念

短视频其实就是在讲一个短小精悍的故事，用标题讲故事是提升短视频吸引力、感染力的需要，更是提升传播力与引导力的关键。在20字左右的标题中，尽量讲好故事、制造悬念，激起用户的阅读欲。

"当无敌神算子遇上缺心眼子……"，看到这个标题的同时，不知你是否已经在心中问出一句"发生什么了"，并开始脑补内容的因果始末了呢？可见，高点击率的标题字数并不绝对，而会讲故事的标题总能引人无限遐想，从而促使用户点击观看。

（6）增加代入感

增加视频代入感，目的在于拉近与粉丝的心理距离，让其感受到视频内容与其切身利益息息相关。而一旦粉丝有意借短视频进行自我表达，便会激发粉丝在社交网络上的分享行为，很多爆款短视频也都由此而来。

常见的增加代入感的方式包括贴身份标签，在标题中点名"××星座""90后""北漂青年"等，直接圈定相应的目标人群，制造情感共鸣。

第 2 章 内容篇：
稳定、持续的内容输出是留住粉丝的根本

稳定、持续的内容输出是吸引粉丝的基础，而保证稳定、持续的内容输出关键是做好内容，比如内容质量、内容策划、内容定位，写作方法等。在抖音营销中，内容是重中之重，无论如何做都必须坚持以内容为本。

第 7 招
了解抖音平台内容运行机制
——提升视频发布效果的3个要点

做抖音营销最重要的一个方面就是内容,只有高质量的内容才会真正留住粉丝,带来流量。在做抖音内容之前,需要彻底了解抖音平台的内容运行机制,以做到知己知彼,灵活应对。

抖音平台在内容运行上有自己的一套完善机制,从而保证了高质量的内容输出,这也是抖音在短期内就可以火爆起来的主要原因。抖音平台的内容运行机制是个很复杂的机制,对于我们做营销的运营人员而言不必全部搞懂,只需要搞清楚3个核心问题即可,如图2-1所示。

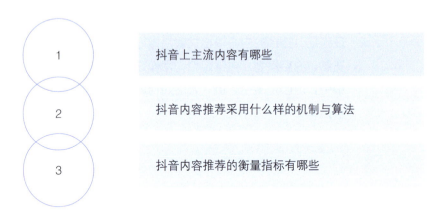

图2-1 对抖音平台应该了解的3个核心问题

(1)抖音上主流内容有哪些

抖音的宗旨是"记录美好生活",这样一个定位从整体上明确了内容的性质,即要符合社会主义核心价值观,积极弘扬正向能量。有了这样一个基础定位后,发布者的每一条视频都必须符合这个原则，不能宣传迷信、色情、消极，以及危害国家、社会和人民的内容。

（2）抖音内容推荐采用什么样的机制与算法

想要收获大批量粉丝，首先得保证视频内容有足够的曝光度，而提高视频曝光度的一个主要方法就是被官方推荐。

那么，视频如何才能大概率被官方推荐呢？这就需要充分了解抖音平台内容推荐机制与算法。

抖音对内容的推荐实行的是一种漏斗机制，漏斗机制是指从用户发布第一个视频开始，平台算法就开始运行，经过不断筛选、层层筛选，最终留下符合推荐标准的视频。抖音推荐漏斗机制，它可以分为3个步骤，如图2-2所示。

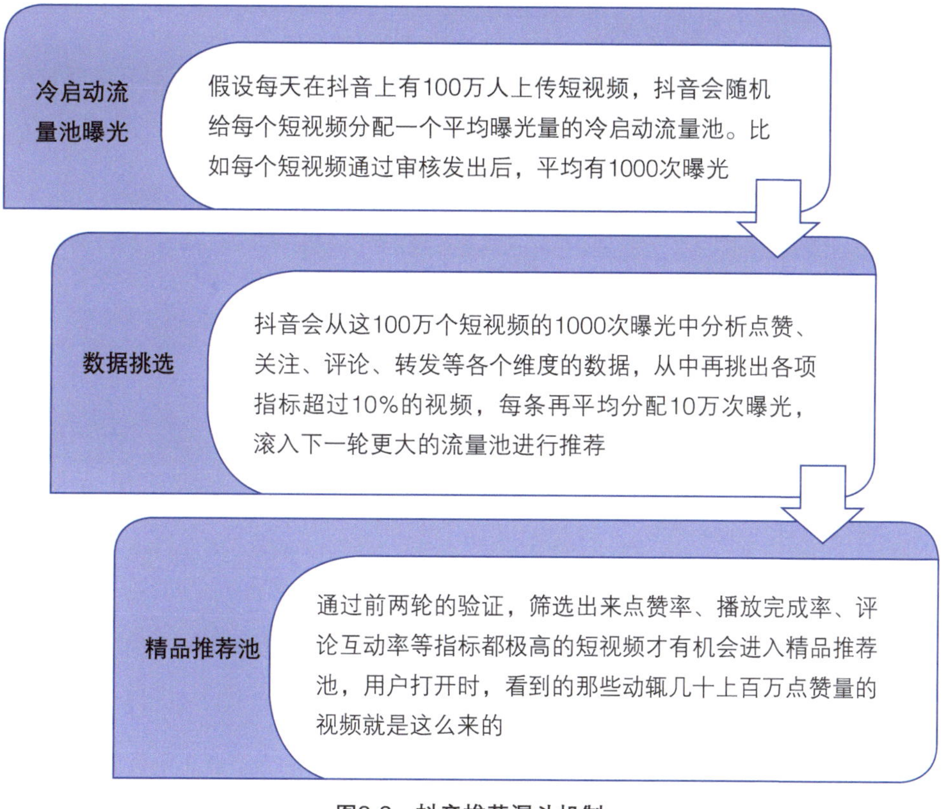

冷启动流量池曝光	假设每天在抖音上有100万人上传短视频，抖音会随机给每个短视频分配一个平均曝光量的冷启动流量池。比如每个短视频通过审核发出后，平均有1000次曝光
数据挑选	抖音会从这100万个短视频的1000次曝光中分析点赞、关注、评论、转发等各个维度的数据，从中再挑出各项指标超过10%的视频，每条再平均分配10万次曝光，滚入下一轮更大的流量池进行推荐
精品推荐池	通过前两轮的验证，筛选出来点赞率、播放完成率、评论互动率等指标都极高的短视频才有机会进入精品推荐池，用户打开时，看到的那些动辄几十上百万点赞量的视频就是这么来的

图2-2 抖音推荐漏斗机制

这套机制依靠一系列复杂的算法运行，算法是任何平台必不可少的，百度有百度的算法，微信有微信的算法，头条有头条的算法，抖音也有抖音的算法。因此，必须同时了解抖音的推荐算法，即要知道这个机制是如何形成的。具体算法如图2-3所示。

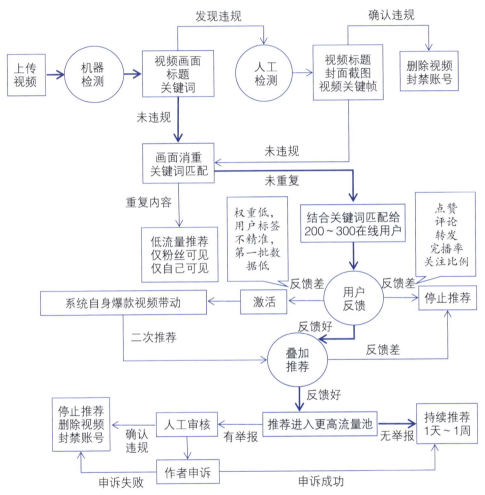

注：粗箭头表示所发布视频在符合规定、反馈好，而且没有被举报的情况下被推荐的路径。

图2-3 抖音视频推荐算法示意图

需要注意的是，视频的封面和标题会影响到具体算法，如果是违规视频将被在线人工拒绝。在线之后，画面将被消重，关键词将被匹配。

掌握了抖音算法，也就掌控了精准流量的入口，让我们不再缺少精准客户。哪怕没有任何名气，没有一个粉丝，完全零流量，也可以在很短的时间内打造出一个粉丝的大号。因为只要我们做出了视频，平台都会自动分配精准流量给我们，助我们提高曝光度和关注度。

（3）抖音内容推荐的衡量指标有哪些

掌握了内容推荐的机制和算法，这是在理论上具备了被推荐的可能性，并不等于一定能被推荐。要想提高被推荐概率，还需要明确有哪些衡量指标，也就是说，要知道官方是如何评判我们发布的内容的。

抖音算法是一套评判机制，这套机制会通过一些类指标来衡量内容，看内容是否符合被推荐的标准。具体的衡量指标有5个，如图2-4所示。

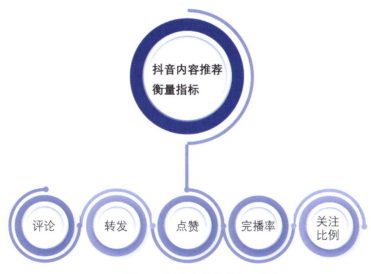

图2-4　抖音内容推荐衡量指标

因此，所发视频想要获得推荐，就必须在视频发出之后，发动所有资源来提升这5个指标，并在视频描述里，尽可能地引导粉丝完成点赞、评论、转发或看完视频。

第 8 招
深刻把握内容升级的机会
——火山、抖音合并带来的内容升级

2020年1月8日，火山小视频和抖音宣布品牌整合升级，火山小视频更名为抖音火山版，并启用全新图标。升级后，抖音和火山虽然仍保持独立运营，但内容将逐步实现互通。该消息迅速引起行业震荡，热度堪比"火山爆发"。有业内人士表示"流量的融合，将会促使短视频的全面升级"。

火山小视频和抖音内容全面互通后，将从流量、数据、环境和服务入手，进行全方位的变革升级，为内容创作者提供多层面的体验，进入了一号双平台运营新阶段。抖音和火山小视频合并后的4个变革，如图2-5所示。

图2-5 抖音和火山小视频合并后的4个变革

四大变革升级，打造内容共同体，有助于打破两大平台交互圈层，实现平台调性互补、内容互补、用户互补，从而实现创意破壁、交互破壁和内容破圈三大突破。

这次合并，圈层壁垒进一步被突破，实现了覆盖圈层的完美互补。这也预示着，内容将在未来逐步实现互通，这对于创作者来说红利更大。

因为短视频发展到现在，其实已经进入了一个平台期。平台如此，创作者更是如此。原本创作者之所以容易成为网红，获得粉丝关注和认可，是因为他个人趣味、性格魅力、擅长领域的特殊性和专业性，或者多种元素重合，从而被用户关注到。早期的专注与聚焦，有利于创作者的快速成长。但同时，由于细分、标签化的属性，在发展的过程中，又会形成用户圈层的隔绝，成为绝大多数创作者的玻璃天花板，可以看得到发展前景，却没有办法突破。

从这个角度看，创作者要想获得更多粉丝，关键就是要破圈，打破原有的用户圈层，进一步渗透和突破。

案例 1

刘安俊，是一个很典型的创作者。他原本是河北省沧州市的一名普通理发师，2017年2月开通火山账号"剪艺造型沧州大叔"，拥有141万粉丝。2018年3月，在抖音开通了账号，有140万粉丝。随着用户的融合，通过短视频和直播，打破与公众之间的隔阂，他的理发店知名度越来越高，客人来自全国各地。最远的一位，从孟加拉国回国找他剪头发，客人排到3个月以后。随着知名度越来越高，门店逐渐扩大，收入也在增加。

案例 2

朱一旦，火山抖音合并后获益的又一个典型代表。这个穿着西装、戴着劳力士、名下有11家公司的老板，主打的就是办公室白领的搞笑娱乐。第一集更新后，仅仅3天，抖音的粉丝涨到20多万。1个月后，他成为微博红人节史上最快入围的网红。他的粉丝快速增长到360多万，而在这个时候，他也尝试着朝更下沉的用户层去渗透，开始更新火山、快手等平台，从而赢得了更多用户和广告主。

两大平台整合为一个超级内容平台，拓宽内容的覆盖版图，两大平台粉丝实现互通，这无疑会促进运营人员获粉更加容易。

第 9 招
为内容建一个素材库
——注重积累，厚积薄发

行军打仗讲究的是兵马未动粮草先行，做抖音营销也一样，想要源源不断地为粉丝提供有价值的内容，就必须注重平时的积累，搜集素材。素材就好比军队中的粮草，没有充足的粮草支撑整个军队，后面的战术纵使再高超也只能是纸上谈兵。

那么，如何有效地搜集素材呢？可从以下3个方面入手。

（1）建立素材库

想要保持持续稳定的内容输出，工作量和工作强度都非常大，如果只是靠灵感或者临时查找资料，做一期更新一期是远远不够的。做抖音视频，速度要快、内容要准，平时如果有素材积累，制作起来就会比较快速和简单。因此，建立素材库非常有必要，那么，应该搜集哪些素材呢？主要有4类，如表2-1所列。

表2-1 素材搜集的类型

素材类型	素材内容
各种新闻	新闻是制作热点视频的主要灵感来源。头条号、搜狐、网易、微博这类大的权威性的热门网站，每天都会以最快时间发布一些热点新闻。即使一些新闻不是热点，也要搜集起来，作为素材积累
小故事	讲故事现在是很多视频的主旋律，但讲故事必须有创意，粉丝们早已厌烦陈词滥调的说教文。所以，讲故事更要注意收集日常故事，不管是网上流传的，还是发生在自己身边的真人真事
影视剧桥段	搜集经典电影、电视剧，关注其中比较经典的剧情，这对做剧情演绎的视频很有帮助
好玩的段子	段子不是一下子就能想出来的，所以平常要注意段子的收集，以备制作视频使用

建立素材库的目的是在视频发布前,可对内容进行选择、定位,发布最适合用户需求的内容。建立素材库的第一步就是搜集素材,搜集素材是建立素材库的基础,没有足够的素材支撑,素材库也就是一座空库。

(2)筛选素材

在做好素材搜集后,需要结合用户需求再次筛选,确定范围和标准。通常,发布视频是为了吸引用户的注意力以增加用户的黏性和适当体现品牌的价值。不同的素材有不同的特性,可以根据具体的实际来筛选合适的素材。

比如发布一个关于面膜的视频,就需要准备以下4方面的素材:产品介绍;相关知识介绍;销售或促销活动介绍;使用体验分享,如图2-6所示。

素材内容的来源

产品介绍:主要介绍产品的成分、功效等,让用户对产品效果有一个直观的认识

相关知识介绍:根据产品功效,介绍与美容、保养有关的知识。以让粉丝更了解产品,树立自己的专业形象,提高在粉丝心中的权威

销售或促销活动介绍:介绍如何买,购买价格、购买方式、购买优惠等

使用体验分享:这个环节可有可无,时间宽裕的话可以作为附加话题添加进去,让用户自己说出产品的好要好过自夸

图2-6 抖音视频内容素材的来源

(3)定位内容

在对内容进行定位时需要结合品牌进行,也就是要突出品牌的特点和优势,用几个关键词精简地表达出来。比如品牌调性是"年轻无极限,给爱挑战生活、向往自由的你一片属于自己的天空",那么品牌调性关键词就是"年轻""挑战""自

由"等。视频内容在风格上面需要展示一个青春有活力的形象,而在内容选取上就要适当地倾向于一些积极向上的内容。通常来讲可按照以下4个原则进行定位,如图2-7所示。

内容定位的原则

关联性:内容要与企业所处的行业有关,同时,也要与销售的产品有一定关联,最好适量加入一些相关信息

趣味性:内容要具有创新性,别具一格,给用户以不一样的感受。但不能为了追求创新而违背大家的审美

独特性:需要根据品牌特点打造个性内容,向粉丝展示品牌文化和传播品牌价值

实用性:视频内容具有实用性,能向用户提供一定的帮助,解决用户遇到的实际问题。比如信息服务、生活常识等

图2-7 抖音视频内容定位的原则

第10招
根据用户需求规划内容
——粉丝需求才是最终需求

抖音视频内容正在朝着多元化趋势发展,这也是越来越多用户参与和喜爱的主要原因。然而,我们在规划内容时不能采取"大而全"的策略,而要根据需求来

定。我们在做视频之前可能会获取很多方面的内容，但获取来的内容是否一定受用户欢迎呢，这就需要根据用户需求进行取舍。

为了使内容与用户需求更加匹配，运营者必须对所获取的内容进行分析、归纳、总结和筛选。

因此，对于抖音运营人员来说，至少要做好以下3个前提性工作。

（1）以用户为中心

在做内容之前需要搞清楚一个问题，做视频是为企业服务，还是为用户服务。很多企业将这个问题本末倒置，认为答案是前者，内容一定要围绕企业利益、产品特色去做。其实，这是错误的，内容一定要围绕用户去做，以用户为中心，从用户的角度出发，然后再结合企业的特点，千万不可只推送企业自己的内容，因为只有用户从中获得想要的东西，他们才会更加忠实于企业和产品，接下来的销售才会顺理成章。

（2）充分了解粉丝需求

用户需求是出发点和落脚点。在发布视频前，一定要想想自己的产品核心价值是什么？产品的定位是什么？知道了核心价值和定位才能知道粉丝需要什么样的内容。想想产品的目标用户是谁？知道了用户是谁，思考这些用户有什么样的特征，想想他们可能对什么样的内容最感兴趣、最迫切需要。想想产品的竞争对手有哪些，他们是如何做内容的，优、缺点是什么？

具体可归结为3个问题，即了解产品、了解用户、了解竞争对手及产品，如图2-8所示。

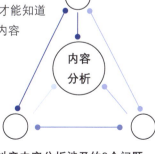

图2-8 抖音内容分析涉及的3个问题

这3个问题有助于了解自己的产品，了解用户需求，让产品和需求更吻合。这也是内容运营必须做的工作，前期定位越清晰、越精准，内容越容易被认可。

（3）规划内容

对内容进行规划，重点需要做好"三定"工作，即定内容，定地点，定人物。

1）定内容

定内容，是指在特定领域专注于创造具有创意的内容，这样的好处在于创造的内容是固定且垂直的，定位会非常精准。由于面对的受众往往都是非常热衷这一领域的人群，将来可以围绕知识付费进行变现。

2）定地点

定地点目的在于加强粉丝对地点的印象。如果视频素材采集的地方是固定的，地点辨识度比较高，那么将来可以为附近商家产品引流。当然作为商家则更为方便，可以直接通过有创意的视频为自己引流。

3）定人物

定人物目的在于加强粉丝对你个人的印象。如果视频是围绕你个人来创作的，不论以何种方式，都要以你个人出镜为主，那么将来变现的手段就可以靠粉丝打造个人IP实现，费启鸣就是一个很好的典型。事实上在抖音中这"三定"都需要有至少以一种作为前提。

最简单的定人物方法就是配上自己的图片，最好还能配上背景，真人出镜。做抖音营销，视频的内容定位和安排策划是核心，就是通过打造一个人设来让内容与粉丝需要更匹配。

第2章 | **内容篇：** 稳定、持续的内容输出是留住粉丝的根本

第 11 招
打造内容深度与专业度
——做好内容细分

从短视频整个发展趋势看，很多短视频平台都在走"垂直细分"之路。如专注游戏领域的虎牙、斗鱼；专注聊天交友的QQ、陌陌；以泛娱乐为主的映客、花椒，更是在多个领域"精耕细作"。抖音也在紧跟趋势，提倡对内容进行"瘦身"，瞄准一个领域深挖掘，做出创意。

这是平台大环境的做法，而对于我们运营者来讲，在具体定位上要避免大而全，因为这样看似面面俱到，实际上却是蜻蜓点水式一样略有涉及，这样就无法给用户一个明确的认知，难以精准定位。

内容定位越精准、越垂直，吸引的粉丝越精准，变现越轻松，获得的精准流量就越多。所以，在注册账号之前，就要思考内容定位，主要聚焦在什么细分领域做内容。那么，抖音如何做好内容细分呢？可从以下2个方面入手。

（1）圈定内容范围

做内容细分，最重要、最基本的做法就是圈定内容范围，在内容本身上集中体现。即视频内容要时刻围绕着本行业、本企业的核心产品和业务展开。只要能把内容做细、做精、做出特色，内容高度垂直，让其成为行业典型、头牌，自然会被大众熟知，从而吸引更多用户的关注。

案例 3

"十月呵护"是一个原创孕育类抖音账号，该视频都是以孕育知识为中心，以幽默诙谐的漫画来展示，深受用户的喜欢，从而吸引了一大批粉丝，部分截图如图2-9所示。

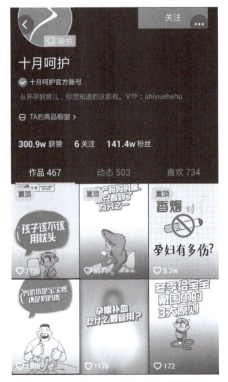
图2-9 "十月呵护"抖音账号

图2-10 "小妙鲜"抖音账号

案例4

"小妙鲜"是抖音上以普及生活DIY常识为主的账号,视频中有很多生活小窍门,每个小窍门又都分步讲解,简单易学,上手快,适合初学者学习,如图2-10所示。

当圈定了内容的大致范围,视频的基本方向就明确了,便于粉丝在最短的时间内了解内容。

(2)打造自己的品牌影响力

圈定抖音内容范围解决了大方向问题,但这并不意味着就可以成功吸引到用户。因为同类的内容可能有很多,要想脱颖而出就需要形成独特的品牌影响力,即给观众的特定认知是什么。这就要求在圈定内容范围的基础上，努力做出自我，不落俗套，给粉丝以崭新的、别致的、眼前一亮的感受。

比如很多抖音视频就是单纯地展示才艺、一技之长或个人魅力，如唱歌、跳舞、厨艺等，这是远远不够的，无法形成较强的品牌影响力。只将内容的焦点局限在主播身上，与大家分享特定的内容，这种分享往往是很难的，因为内容太常规、太普通，甚至不如其他同类视频。这时，如果在展示主播才华的基础上还能有点创新，一改单纯地展示模式，将内容调性提高一个档次，局面就会大大改观。

在做抖音营销时，无论视频做什么内容，最关键的还是要深挖掘，做垂直细分领域的内容，并且做出自己的特色。

第 12 招
提高内容的精准度
——高效利用抖音标签

头条系的产品内容分发机制是非常强大的，而分发的方法主要是通过用户及自媒体作者标签进行匹配。

案例 5

打个比方，你所发布的视频与宠物有关，或抖友特别钟情于你的视频，完播率、点赞率、互动率都较高。这时，抖音系统就会给你这个账号贴上一个宠物兴趣的标签，当然这个标签我们在前台看是不到的，只记录在系统后台。一个视频一经发布会贴上很多标签，标签分大小标签，比如宠物下面还有宠物猫、宠物狗等。

所谓标签,就是运营人员要做的垂直细分领域,比如育儿、情感、情商、职场、办公、励志等。以育儿为例,相对应的标签可以设为宝妈、作业、开学等;情感细分领域的标签可以设为恋爱、婚姻、男女朋友等;情商的可以设为口才、职场、销售;办公的可以设为PPT、Excel等。

很多抖友在刷抖音的时候发现,抖音有时会推送上下两个主题很相似的不同视频,此举就是为了鉴定你的兴趣领域,确定你是因为偶然而喜欢这个视频主题,还是真正喜欢这个视频主题,从而准确地贴上用户标签。

抖音标签的最大作用就是帮助系统描述和分类内容,便于检索以及分发给具有相同标签的人。也就是说,每一个视频内容背后都有一个或多个标签;不只是视频有标签,视频浏览者也就是用户也会被抖音贴上标签,比如一个用户最近比较喜欢看美食和旅游,那么他的标签就是美食、旅游。

抖音会把两个标签结合对视频进行推送,即当你的视频标签是旅游,那么就会把你的视频推送给标签是旅游的用户。

清楚什么是抖音标签之后,运营者就需要利用抖音标签功能来获取精准粉丝,或者利用抖音标签功能让自己的视频上热门。

那么,具体应该怎么做呢?可采用以下这3个方法。

(1)明确可以打标签的地方

为快速给自己的视频和账号打标签,让视频被更多潜在粉丝看到,应该在凡是能打标签的地方尽量多打。在抖音中可以打标签的地方通常有5个,如图2-11所示。

图2-11 抖音中可以打标签的5个地方

(2)标签越多收获的用户就越精准

标签越多、越精准，视频越容易获得更多的推荐机会。比如石家庄桥西区某羽绒服厂，为自己的定制业务发布了一条抖音视频。在视频中，打上了石家庄、羽绒服、定制这3个标签，使获取的客户更精准。因为，当客户同时触发石家庄、羽绒服、定制这3个标签时，该条视频就会获得抖音系统的唯一推荐。

(3)掌握一套万能公式

这套万能公式为：

精准潜在客户的关键词=地区范围关键词 + 精准关键词 + 拓展关键词

例如：惊艳传媒是做短视频培训的，要发布相关视频，就可以拓展关键词短视频教育，就有培训、短视频涨粉、上热门、短视频制作、短视频剪辑、短视频拍摄等与短视频培训相关的关键词。

通过在封面、视频标题、视频内容、个性签名等地方插入关键词，这样一个完整"标签视频"就出来了。用户可以通过搜索关键词搜索到你的视频，更重要的是，标签越精准，视频触动的用户也越精准，根据抖音独特的推荐算法，成为爆款视频也就是上热门的概率会更高。

第13招
坚持内容正面导向
——多关注抖音热搜

抖音平台上的内容越来越丰富，就很容易导致内容参差不齐。但无疑，越是正能量的内容越受用户的欢迎，也更容易与用户产生共鸣。对此，抖音平台也出台了很多相关政策,以维护平台正面形象。比如抖音热搜榜上就推出一个正能量榜单,如图2-12所示。

每个人都有自己的审美,但是积极正面的内容无疑更容易获得大家的认同和喜爱。所以说,发布在抖音上的内容,正面积极是一个基本的原则,也更容易形成品牌价值。而消极负面的东西,虽然可能一时之间给人们带来刺激的体验,但并不能长久。更何况,人们也不会一直喜欢"丧"文化,积极正面的内容才更能够激发人心中美好的一面。而消极负面的内容,也很难形成品牌价值,没有品牌价值,就相当于白做工。

其实,不仅仅是对抖音发布者有这样的要求,整个短视频行业皆是如此,都需要以传播正能量、传播真善美为立业之本,树立良好的行业形象。同时不断增强直播内容的专业性与

图2-12 抖音热搜榜上的正能量榜单

原创性,提供有深度、有价值的直播产品,只有这样才能逐渐改变人们对直播的固有印象,才能走出一条前途光明的开阔大道。

案例6

某主播携手24名主播开启48小时南方水灾公益接力直播,收入全部捐给灾区。重庆两名网红通过直播推荐湘西土家族苗族自治州吉首市排杉村的椪柑,一天内就吸引了12万人次在线观看、10653人次下单,助力当地销售椪柑25万余斤,销售额31万余元。新浪微博与联合国开发计划署合作开展"变废为宝大挑战"活动,数十位主播参与改造生活废弃物加工,赋予废品新的价值,吸引500多万粉丝围观。

类似正能量的传播是每个人希望看到的,也正是网络视频的价值所在。当今社会的多元发展,伴随着诸多问题,特别是对年青一代价值观的影响有目共睹。追求物欲而精神贫乏、着重享乐而道德滑坡,一些年轻人为了获得自我的满足可以毫不

第2章 **内容篇：**稳定、持续的内容输出是留住粉丝的根本

在乎对他人造成的伤害。这些现象的产生与当前信息传播的繁杂有不可分割的关系。所以，要想将那些扭曲的价值观重新拉回正途，就要在遏制不良信息传播的同时，加大正能量的传播。而这也正是网络直播所应发挥的作用。

第14招
提升内容的关注度
——借势社会热点

借助社会热点事件制造话题，是一种事件营销、借势营销，在传统的营销中比比皆是。同样，它也可以用于抖音，属于一种借题发挥的做法。在全民参与的互联网时代，社会热点总是层出不穷，借助社会热点进行视频拍摄，更容易引起粉丝的共鸣。

案例 7

2018年5月18日，中国国家博物馆与7家地方博物馆，联合抖音一起推出了"第一届文物戏精大会"，如图2-13所示。各大博物馆的文物集体唱歌跳舞的视频，刷爆朋友圈。

同时，八大博物馆也用自己的抖音账号发布了"嗯~奇妙博物馆"的挑战视频，最终

图2-13 奇妙博物馆抖音短视频营销

该挑战有5万多人参与，各个博物馆的账号也因此大幅涨粉。

寻找社会热点事件的途径有很多，判断一个事件是否可用，标准也不是只看其关注度有多高。关键还要看是否适合自己，尽量以自身所售产品或服务的实际情况为出发点。这需要在具体运用中善于学习和总结，结合多种渠道去搜集、整合材料，尤其是能够准确表达出自身的独特观点、思想和情感题材的事件。

那么，在借助社会热点事件时，如何鉴别呢？一个事件是否有借鉴的价值，要看其是否具有相关性、重要性、知名度等相关特征，具有的特征越多，价值越大，借鉴后造成的晕轮效应也越大。

（1）相关性

相关性指事件与受众群体的相关度，一般是指心理上、利益上和地理上的联系，联系越多，越容易被受众关注。如大多数人对自己的出生地、居住地，或曾经给自己留下过美好记忆的地方总是怀有一种特殊的依恋情感。所以在选择事件营销时如果结合受众的地域性，就会更能引起这部分人的注意。

（2）重要性

重要性指事件的重要程度。一个事件无论大小，首先要有影响力、有意义才能称得上是社会热点事件。判断内容重要与否的一个标准就是看其在社会上的影响力大小，一般来说，社会影响力越大，受众越多，重要性越强。

（3）知名度

知名度指事件中涉及的人物、地点和事件的知名程度，知名度越高新闻价值越大。国家元首、政府要员、知名人士、历史名城、古迹胜地往往都是有新闻的点。

（4）趣味性

大多数人对新奇、反常、趣味性较强的东西比较感兴趣。有人认为，人类本身就有天生的好奇心或者乐于探索未知世界的本能。因此，在选择事件时应该坚持的很重要的一个原则，即这个事件一定要有趣味性，是受众喜闻乐见的、愿意付出时间和精力去了解的事件。

任何事件只要具有以上其中一个特征就可以确定为热点事件。如果能够同时具备则更好，说明这件事肯定具有相当大的传播价值，自然也会成为大部分人竞相追逐的对象。

这里有一个关键点需要注意，即如何发现更多的热点事件呢？点击我们的抖音搜索页面，将会有很多具有很高抖音热度的事件，查看搜索结果可以了解具有很高热度的抖音话题或事件。抖音的热度机制本身就是一种引导抖音播主创作一些内容并引导粉丝观看的机制。因此，当我们创建自己的内容时，应该经常查看热门搜索列表，是否有热点事件需要我们创建，以及是否有热点事件能够让我们蹭流量。这是我们在创作作品之前需要知道的一种方法。

第15招
打造内容的独特性
——构建内容独有的调性

绝大多数品牌和营销号运营情况并不理想，关注度极少，究其原因都是自身内容没有明确的调性，采用一种很简单粗暴的做法，单纯地蹭热度，有什么热点就追什么热点，期待造就一个爆款引流。

视频内容必须有自己的调性，调性是建立受众认知的基础。

那么，什么是内容调性？关于调性的解释通常需要在前面加一个限定词。比如众所周知的品牌调性，就是指基于品牌的外在表现而形成的市场印象，通俗一点讲，就是消费者对品牌的看法或感觉。那么本节讲到的内容调性，即在信息输出过程中呈现出的个性特点、视觉效果，以及向受众传达一个什么样的认知等，也就是在面对受众时，想传达给对方的一种认知。

视频内容如果是一个"大杂烩",什么类型的都有,但又什么都不专不精,就很难形成足够而稳定的吸引力。因此,优秀的内容最重要的就是构建明确的、富有个性的调性,以便打造人设、圈定目标群体,便于形成共同话题,以在粉丝心中留下深刻的印象。综上所述,内容的调性体现在多个方面的,具体如图2-14所示。

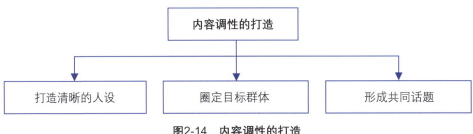

图2-14　内容调性的打造

（1）打造清晰的人设

打造清晰的人设,目的是让粉丝对视频内容形成特定的印象,对视频中角色所表达的一切按照固定的方向去联想。比如喜剧演员,他最初的人设就是幽默、搞笑,那么即使去演一个很严肃的角色,一举一动间也带有这种幽默感。正是因为清晰的人设,让大众对这个人有了预设。

在抖音视频中打造清晰的人设也是这个意思,因为当粉丝对你的视频形成比较固定的印象后,就会认为你能持续地满足他这类需求,并形成期待,从而会对你产生关注行为。

案例8

"天天笑园"抖音账号,内容独特之处就是精准地呈现校园生活,"笑园"与"校园"谐音,既点明了视频主题,又暗含幽默之意。再加上视频中每个人物的角色也都是围绕学生来塑造,着装、表演风格与学校生活保持高度一致,如图2-15所示。这种清晰的人设不仅让粉丝对演员形成期待感,而且有时候还会因为喜欢演员而认可内容。

设想一下,在人物和表演形式上如果混搭的话,势必会弱化粉丝对演员的期待感，转而会对内容以及整体的演技要求更高，在这种需要精湛演技以及长期具备优质内容才能支撑的抖音号来说，无疑困难了许多。

（2）圈定目标群体

圈定目标群体是打造内容调性的重要一步，也就是说要明确视频是针对哪一类人，这类人的喜好、消费特点是什么。明确了这些后，要在视频中体现出来，这样你的内容就会实现与大多数同类视频的差异化。

例如：一些美妆类账号，目标群体就很明确，因为初入职场的小女生以及追求时尚的年轻女性较多，那么，针对这一类人，视频内容也要高度对应，如经常推出平价系列产品，多些国货、高性价比的产品，让价格和目标人群高度对应。

图2-15 "天天笑园"视频内容

（3）形成共同话题

共同话题会形成一种"内心的环境"，当你的视频内容与粉丝能够形成一个共同的话题后，就很容易激发对方互动的欲望，甚至引发二次传播狂潮。有很多短视频都是靠粉丝的二次传播火起来的，因此，在打造视频内容调性上，要更贴近粉丝生活，关心粉丝身边发生的事情，以便于与他们有更多共同话题。

第 16 招
让内容有情怀有温度
——植入情感因素，善打情感牌

内容产出除了不断保持创意，在故事内容上也要保持生活气息和合理性。

如何让粉丝投入情感并产生同理心，要求主播构思内容时要基于现实，高于现实。就像抖音的口号——记录美好生活，内容太超脱现实或者太贴近现实几乎都是没有亮点的，当然对粉丝就没有吸引力。

这就要求运营人员善打情感牌，在视频中植入情感。有情感元素，故事内容就是在生活基础上经过了升华。比如搞笑段子（重庆话吐槽女朋友）、工作故事（日常调侃同事）、情侣问答、智力挑战（"赚了还是亏了100元"的经典问题）等，都可以让不同社会角色的人群在观看视频时自我代入，调动用户的参与性。

情感能够让人产生心灵碰撞，强化代入感。

案例 9

抖音网红"知希大人"，她创作的短视频以情感类为主，其中又以情侣之间的情感为主，讲述的是情侣之间的爱恨纠葛，并能够在短视频中提出她自己独到的见解和解决方法。

很多抖友观看之后，都表示她的视频直击抖友内心深处，发人深省。这让她很受抖友们的关注，她每发一条短视频都能收到十几万的点赞数，粉丝数量更是高达300多万。

"知希大人"能够迅速走红，就是因为她做的视频深入人心，能够让抖友们折服于其中的深刻道理；并且她选择了一个好的领域，人都是感情"动物"，每个人的内心都有一团烈火，燃烧的就是情感。

现在玩抖音的主力军是广大年轻人，他们处在一个比较感性的年龄段内，如果他们能够看到感情治愈类的短视频，在受到鼓舞后，他们会对这种视频形成极大的依赖性，这样他们也就会随之关注该账号。

另外，情感类的短视频来源于生活。这就拉近了与抖友们的距离，相较其他类别的短视频，更加"接地气"。而抖友们大多数喜欢故事，每一个情感类的短视频，讲述的都是一个小小的、平凡的故事。因此，这类视频也更容易得到抖友们的喜欢。

正因为情感类的视频更能打动抖友的内心，所以企业在做抖音视频时最好能加入情感因素。不过，做情感类视频并不那么容易，有很多技巧需要掌握，这些关键点包括以下3个，如图2-16所示。

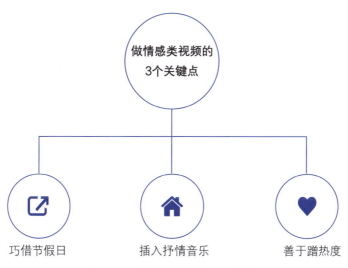

图2-16　做情感类视频的3个关键点

（1）巧借节假日

情感视频想要成功，内容要直抵人心。只有触动了观看者的内心，让他们能够感同身受或者找到情感寄托，他们才能认同这个视频，从而点击关注。

所以，内容很重要。而创作者想要把内容做好，就需要借势。重要的节假日就能很好地提供这个"势"，使关注度迅速提高。如母亲节、父亲节、七夕节、中秋节等和情感有关的节日，就是重要的切入点。以此为主题，进行视频内容的创作，借助于节假日的"势"，就能够在一定程度上增加关注度。

（2）插入抒情音乐

音乐是情感交流的"神器"，一首好听的歌曲，之所以能够广泛传唱，就是因为它能够引起人们的情感共鸣。生活中，我们会发现有一些外国的歌曲，虽然有时候听不懂，但是还是会被感动，因为我们能感受到歌曲中所要表达的感情。

因此，在制作自己的短视频时，要配好音乐。特别是那些图片类的视频，音乐是其成功的重要因素，配上一首非常抒情的歌曲，很大程度上会提高视频的观看效果。

（3）善于蹭热度

情感类视频做得再好，如果观看人数比较少，那么它能够引起的关注人数也会很少。这也是许多质量很好的短视频没有火起来的原因。创作者要学会蹭热点，借助对热点的关注度来提高短视频的关注度。

蹭热点的好处是可以让视频更具有话题性和吸引眼球，也容易给粉丝留下印象。但蹭热点需要有态度、有选择地蹭，只有结合了内容调性，积极地产出才更加具有可挖掘的潜力，才能吸引更多流量。

生活中，每天都在发生着这样那样的情感故事。新闻议论的热点也有很多是关于情感方面的，这些都是非常好的素材，创作者要好好利用。最好能每天浏览新闻的热点，找到适合的话题，进行短视频制作，这样就能够增加关注度，让更多观看的人成为粉丝。

用情感作品去触动人，是一种吸引粉丝的方法，也非常容易成功。运营人员要学会使用一些技巧，利用情感类视频迅速得到粉丝的关注，增长粉丝量。

第 17 招
实现内容的差异化
——打造属于自己的作品

每天都会有成千上万甚至更多的视频上传到抖音平台上。如果你的视频没有特色，就无法吸引用户观看，也不会有用户点赞，更得不到抖音平台的推荐。因此，创作者必须让视频内容与大多数内容差异化区分，以保证视频一经发布就能在平台上脱颖而出。

当然，差异化并不保证一定让视频大火，但是如果只知道跟在别人的脚步后面，那就很难出头。所以，营销人员想要打造爆款视频，不妨开动脑筋，挖掘自己独特的玩法，给视频贴上个性标签，吸引用户去关注。

挖掘视频的独特性，具体可按照如图2-17所示的方法进行。

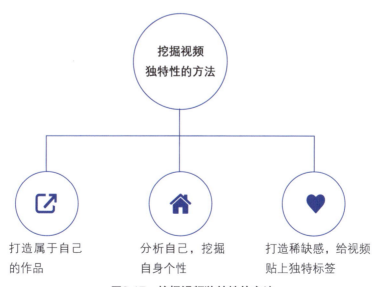

图2-17 挖掘视频独特性的方法

（1）打造属于自己的作品

想要拍摄出吸引用户的视频，就要客观分析自己所发布或即将发布的内容，形成内容特色，让内容具有品牌影响力。这样使抖友在看到你的视频，或类似视频的时候，脑海中便会想起第一个展现这种作品的抖友。

所以，发布视频之前，应该想一下自己擅长什么，并且怎样拍摄视频才能展现自己的才能，让其成为自己的代表作。最有效的方式就是要集中表现一个或一系列的内容。

例如：抖音上曾有一位抖友，很喜欢养小狗，于是给小狗拍摄了各种有趣的视频。翻看她的抖音个人主页就可以发现，大部分都是关于小狗日常活动的视频。

（2）分析自己，挖掘自身个性

在分析自己的基础上确定自己的个性，找到最明显的、别人不具备的特质和自己独一无二的特色，让抖友在第一眼看到视频的时候记住你。

仍以上述例子进行分析，该抖友所发布的尽管都是关于小狗日常活动的视频，但极具特色，如小狗穿不同衣服直立行走。在视频中，小狗穿着不同的漂亮衣服，在路上行走，并和主人、路人互动。这样的视频不但吸引了一大批爱宠人士成为粉丝，而且宠物小狗萌萌的样子也获得了许多点赞。

所以，做抖音营销先不要忙着拍摄上传视频，先要来进行分析，找到属于自己的独特标签，自然能够吸引用户的关注。

（3）打造稀缺感，给视频贴上独特标签

有研究表明，当人们产生稀缺感之后，注意力就会自动而强有力地转向那些未得到满足的需要上。同样地，抖音营销中的视频也可以利用这种稀缺感来打造，以让内容带有独特标签。

那么，如何利用稀缺感找到自己的独特标签呢？下面，我们将结合常见的视频类型列举一些寻找独特标签的技巧和方法，具体如表2-2所列。

表2-2 不同类型视频寻找独特标签的技巧和方法

类型	独特之处
美食类视频	打造美食地方特色标签，比如"家乡美食"；制作材料特色标签，"黑暗料理"；制造工艺特色标签，"创新美食"；等

续表

类型	独特之处
教程类视频	技能展示标签，比如"减肥教程""职场教程""跳舞教程""书法教程"等
萌娃类视频	宝宝日常趣事标签，比如"萌娃趣事""萌娃学习""萌娃成长"等
炫技类视频	操作示范、亲身体验标签，比如"VR体验馆""花样滑板""古典音乐""书法画画"等

独特的标签，从本质上来说是用户对自我形象的设定。一个好的、有个性的标签不但有助于拍摄出好的视频，而且还能够为自己吸引很多的粉丝。

第18招
优化选择和获取视频内容之原创
——原创很难，但有套路

抖音有一个消重机制，系统会自动检测视频的相似度。换句话说，同样的视频不能发两次，这样就会降低你的抖音号的流量权限，这也是抖音一直在鼓励原创，打击搬运、盗视频、盗创意的初衷。

在如今这个自媒体发展的时代，没有鲜明的人物风格，只靠着搬运视频，是很难留住用户的，这也是有些以搬运视频为主的抖音账号，其播放量、点赞量虽然高，但粉丝转化率却非常低的原因。

那么，如何才能做好原创视频呢？这就需要综合考虑，因为原创视频难度非常大，没有一个好的策划、拍摄、运营团队，很难做出好作品。

（1）争取与专业团队合作

原创作品难，但其也是有一定规则可循的，也就是说有它自己的套路。原创前期可能会比较困难，但是坚持下去，比如有了10万左右的粉丝，就可能会有MCN机构（专注短视频达人在线认证变现平台）的人找上门与你谈合作，那么这时可以考虑签约、团队化运作，因为这些都是专业的网红孵化，有一整套系统流程的培训和扶持。

（2）了解抖音原创视频类型

做原创有必要了解一下抖音上原创视频一般有哪些类型，以更好地掌握其规律，低成本、高效率地拍摄出大多数人喜欢的内容。

纵观抖音上比较热门的原创视频，大致有3类，如图2-18所示。

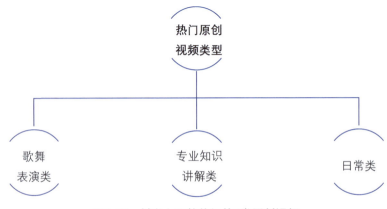

图2-18　抖音上比较热门的3类原创视频

1）歌舞表演类

抖音上有很多网红，都是靠跳舞和唱歌被粉丝认识的，这些人基本功好，表演能力很强。当然，这部分人背后大都有MCN机构的扶持，需要重度包装，个人做的话优势很少。所以，如果你有些才艺，不要盲目去做视频，如果有可能还是寻找团队合作。

2）专业知识讲解类

专业知识讲解类的视频也比较多，比如护肤、美妆、减肥、育儿、魔术、创业、萌宠、营销管理、股票等。

这种内容可以多做，因为这往往需要真人出镜，大大提高了彼此的熟悉度，很快就能建立起信任。因此被认为是吸粉能力最强,转化难度低,转化效果好,粉丝黏性最强一类视频。

现在很多人通过视频买东西,首先是认可你这个人,然后才去看到你的产品,如果观看者刚好有需求,最后肯定会购买,所以这就是真人出镜的好处。

3)日常类

日常类内容比较广泛,也就是大家以分享自己在日常生产、生活、学习、工作中的所有,包括家庭系列、街头采访系列、玩弄自家宠物、卖萌系列、办公室剧情系列、小品模仿以及各种挑战的内容。

这种视频内容属于泛娱乐性,内容比较杂,没有一个固定的垂直领域内容,当然,想做好这类原创视频也是最难的,需要足够的创意,因为同类内容太多。

第19招
优化选择和获取视频内容之模仿
——按模板走,省心高效

做不好抖音运营的人大致有两类:第一类,完全不知道自己要发什么类型的作品,纯属新手;第二类,确定了相关领域,但不知道如何发原创作品,没思路。

对于这两种人,最简单的方法就是模仿同行的爆款作品,说到模仿,有很多人会嗤之以鼻。抖友认为那就是伪原创搬运,如果你这样认为,那就大错特错了。其实,会模仿也是一种能力。

模仿是对原创作品的深度加工,既然是二次深度加工,就需要一定的能力和高超的技巧。在准备模仿前,需要对原视频的3点深入分析,具体如图2-19所示。

抖音短视频**涨粉66招**

图2-19　模仿前需要对原视频深入分析的3点

对原创视频做二次深度加工，一般就围绕这3个要点来进行。深度加工的本质是按照原视频来做一个创意型的新视频。比如原来视频是一个小男孩跟小黄鸭一起合拍而成的视频，那么模仿的视频就可以用其他角色代替，如女孩、父母等。

需要注意的是，视频的音乐最好与原来的保存一致，玩抖音的人都知道，选对音乐也是成为热点的一个重要因素。所以当我们听到同行的那条视频涉及的音乐，我们需要做到习惯性的随时收藏。同样的热门作品，我们再创造出一个新的视频，仍可以选择原视频的音乐，这就是深加工，前提是不搬运也不抄袭。

下面通过一个案例，来具体分析模仿的思路。

案例10

小黄鸭是抖音上于2018年底出现的一个卡通动物形象，这一形象可爱的舞姿瞬间点燃了很多抖友的模仿热情，很多人纷纷模仿，很多添加小黄鸭元素的视频也成为浏览量奇高的热门视频，相关话题也一度成为热门话题。如图2-20所示是一段原版的小黄鸭跳舞图，如图2-21所示是一群小孩模仿小黄鸭的跳舞图。

从原视频图中，能很直观地看出视频角色是一群小黄鸭，模仿视频角色的是一群小孩，身穿黄色外套。衣服要穿成黄颜色，原因也很简单，因为小黄鸭本身就是黄颜色的，所以这样一起合拍而成，

图2-20　原版的小黄鸭跳舞图

给人第一感觉就是视觉效果极好，同时视频的相关性很强。

模仿也是一种能力，要是纯粹抄袭，伪原创根本谈不上任何技术含量。另外，在模仿过程中还要注意2个关键点。

（1）学会模仿标题

标题是视频的点睛之笔，模仿爆红视频，首先就是体现在标题上，标题模仿到位，能第一时间吸引粉丝关注。比如原标题是"晚间跟小猪嗨一个"，那么可以直接仿这个标题为"晚间跟×××嗨一个"，这样简单而高效。

图2-21　模仿小黄鸭的跳舞图

（2）动作模仿做到最标准

具体到视频中，动作是不可少的，很多爆红视频基本上都是靠动作走红的。因此，模仿必须模仿动作，而且越逼真，就越能引来很多粉丝的评论和点赞，获得大量的点赞和评论是上热门的重点。

第3章 ▶ 账号篇：

"高颜值"账号才能快速占领粉丝的心

很多抖音营销新人在注册账号后，为了获得大量粉丝，会在短时间内做出爆款视频，迫不及待地去发视频。其实，这是本末倒置的做法，正确做法是先"养号"。所谓养号就是给账号定位，建立账号垂直度，让账号具有较高的颜值，这是保证账号脱颖而出的基础。

第3章 | 账号篇:"高颜值"账号才能快速占领粉丝的心

第20招
账号注册成功后先"养号"
——常用的4个养号技巧

对于抖音营销新人来讲,注册账号后不要急于发视频,而是先"养号",所谓养号就是给账号定位,建立账号垂直度。其实,养号的过程就是给账号定位的过程,这也保证了账号能在千千万万个账号中脱颖而出。

在具体的操作上,有4个技巧,如图3-1所示。

图3-1 新手常用的4个养号技巧

(1)正确注册抖音账号

抖音账号的注册方式有多种,可以用头条号、QQ号、微信号、手机号、微博号5种方式。一般来讲,为便于日后的操作,用得最多的是手机号,并绑定头条号。

需要提醒的是,在注册账号的过程中,注册时用的手机、手机号码、申请账号要一一对应,也就是说要保证一机一卡一账号。

(2)养号期不能修改资料

为什么在养号期间不能修改资料,因为这样做,很容易被官方判定为营销号,影响后期的流量。这个细节很容易被忽略，因为大部分人一注册完抖音账号，会频繁修改资料，甚至把营销关键字添加到资料中。

（3）主动观看他人的视频，并点赞和评论

在养号期间，作为新人要主动浏览他人的视频，然后点赞、评论，尤其是网红、大咖，及高流量视频。然而，在浏览时不是看看就完事，有6个要点需要格外注意。

① 有意识地去观看与自己所从事领域相匹配的视频，目的是利用抖音官方的推荐机制，让官方为自己的账号打上相应标签，更有利于后期账号的培养，以及权重的提升。

② 观看时一定要保证完播率，也就是尽量看完一个视频后再下滑。

③ 时长最好控制在1小时以上，并且要在不同时间段浏览，比如上午半个小时，下午半个小时。

④ 查看附近的视频或直播，适当点赞、评论、关注，增加账号真实性。

⑤ 看完视频再点赞，切勿连续秒赞，避免操作无效。

⑥ 尽量根据视频内容评论，不要写些无关的东西。

（4）制订合理的养号周期

掌握了以上3个养号技巧，接下来很重要的一个就是养号到底需要多久。我们经过对很多数据分析，总结出了一个规律，无一例外在7天之内提升了自己的账号权重，其实，养号周期一般为3~5天，最佳时长是7天。

第21招
有针对性地设置
——账号昵称和头像有玄机

对抖音账号进行设置需要运营者善于运用商业化思维,如果将账号比作一个产品,那么设置就是对产品进行包装。良好的包装可以让账号看上去不仅仅是一串数字或字母,而成为用户进一步了解你的信息通道。

对账号的设置最主要就是对账号的昵称和头像进行优化。一个好的昵称和头像能向用户传递有价值的、核心的信息,让用户看后即明白账号的性质,从中能获取哪些有益内容。

账号昵称和头像的设置必须本着有个性、有创意,易识别的原则,在具体操作上结合方法和技巧。常用的通常有如图3-2所示的5个设置方法。

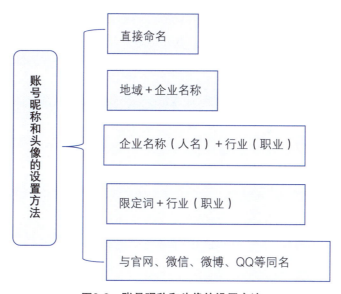

图3-2 账号昵称和头像的设置方法

（1）直接命名

直接命名法，是指直接使用企业名称、品牌（产品）名称、企业标识等。例如：账号"凯迪拉克""广州日报""NBA""小米手机"等，如图3-3所示。

直接命名的账号旨在直接告诉用户"我是谁"，常适合于在行业中有较大影响力和威望的企业或品牌。

然而，直接命名法并不是那么简单，需要结合企业的业务范围、产品性质以及产品类型多个方面，进行深入、细致分析。比如有些化妆品企业在名称中通常会直接嵌入产品名称，如"××护肤""××减肥""××美容养颜"等。这样做就需要谨慎些，因为护肤产品、减肥产品、美容美颜产品等都是特殊的产品，用户对品牌的知名度、安全性要求很高，如果你的品牌是新品，没有太大的社会影响力和用户基础，直接以品牌名命名反而会令大多数用户望而生畏，有所抵触。

图3-3 "凯迪拉克"抖音账号昵称和头像

其实，不妨委婉一点，将其命名为知识性的名称，如"皮肤健康十问答""美容美颜知识小讲堂"等，目的就是通过为用户提供护肤、美容美颜的方法、技巧等，先获得用户的认可。然后再寻找适当的时机植入具有硬广告性质的关键字，用户接受起来会比较容易。

（2）地域+企业名称

如果是服务于本地的企业，则可以在昵称中加入地域，这样可以让本地用户更有亲切感。比如"××万达广场""××影城"等，如图3-4所示。

当然，如果目标客户没有地域限制，则不宜采用这种命名法，昵称中最好不要加地域标志。

图3-4 万达广场抖音账号昵称与头像

图3-5 惊艳传媒抖音账号昵称与头像

（3）企业名称（人名）+行业（职业）

企业名称（人名）+行业（职业），目的是让粉丝一眼就知道账号是干什么的。以便能更好地定位目标人群，寻找到目标客户。比如"××线上教育""××婴儿护理""××模特""×××演员"等，如图3-5所示。

（4）限定词+行业（职业）

将涉及的企业背景、人物、产品、服务等，以描述、夸张或拟人的手法间接地表现出来，比如"川菜万大厨""××学校舞蹈老师""××教练"等，如图3-6所示。

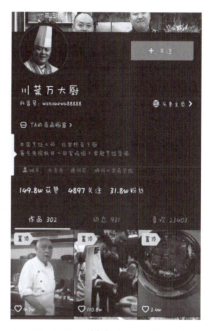

图3-6 万厨师抖音账号昵称与头像

(5)与官网、微信、微博、QQ等同名

有很多抖音账号直接沿用了自己的微信、QQ或微博的账号，或者是这些账号的简单变形。这样的好处是便于用户加深对其账号的记忆，将粉丝引流到微信、QQ、微博等平台上。

如抖音账号"觅食迹"沿用了自己的微信公众号昵称，后者是前者的汉语拼音，如图3-7所示。

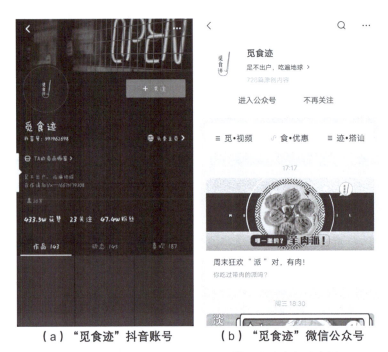

（a）"觅食迹"抖音账号　　（b）"觅食迹"微信公众号

图3-7　以官网、微信、微博、QQ等同名称命名法案例

通过设置昵称、头像等可以给账号贴上个性化标签，体现个性化的风格和整体形象的延伸，强化企业、品牌在大众心目中的形象。同时，也有利于用户对账号的记忆、识别。

除了昵称和头像之外，个性签名也要引起重视。尽量用一句话，准确概括账号定位，为观众提供确切的价值。此外，切记不可在个性签名上直接放上自己的微信号，如果这样做，很可能也会被抖音官方检测为营销号。可以在粉丝有了一定基础之后，再在个性签名处放上自己的微信。

第3章 | 账号篇:"高颜值"账号才能快速占领粉丝的心

纵观那些火爆的、有着众多粉丝的账号,它们都有一个共同点——有识别度较高的、醒目的昵称和头像。因此,对于企业来讲,必须重视账号的昵称、头像设置,并且按照一定的原则去做,针对性、指向性都要明确。千万不可像一些个人主播那样,随心所欲,或完全按照自己的感觉、兴趣去设置,如用一些符号、数字以及非主流的名称。这样一来账号的价值将大大缩水,甚至毫无意义。

第22招
迈向"抖音大咖"行列
——账号蓝V认证

抖音已经是很多品牌进行短视频内容营销的前沿阵地,而运营企业号是企业在抖音做营销的第一环,通过精细化的运营,运营者可以在抖音平台获取大量流量,配合营销节点进行广告投放等商业合作。

为了企业运营好抖音账号,抖音官方开通了蓝V认证。2018年6月1日起,抖音全面正式上线抖音蓝V,也叫企业号,是专门针对企业用户的一种账号。企业号能够帮助企业传递业务信息,与用户建立互动。抖音蓝V就是企业在抖音平台认证身份信息,认证后的企业可使用官方身份,通过内容发布、用户互动、营销组件等多种形式打造品牌传播主阵地。

可见,开通蓝V认证对企业而言有很多优势,可以拥有多项独有的权益,企业要想做好抖音营销,首先应该通过这个认证。那么,蓝V认证用户拥有哪些权益?集中体现在以下5个方面,如表3-1所列。

表3-1 企业蓝V认证后所拥有的权利

权利	具体内容
获得企业认证账号头像官方认识标识	获得企业认证账号头像官方认证标识,可大大彰显企业身份,也可以作为平台上的权威信用背书
全昵称搜索置顶并且对昵称进行唯一性锁定	让你的账号昵称优先展示给粉丝,并获得有别于普通账号的显示
自定义主页头图	自定义主页头图,确保用户抵达品牌主页时获得更加直观的品牌第一印象
将视频同步在多个平台	多平台同步,可与今日头条、抖音火山版小视频平台同步认证
享受平台其他服务	获得更多抖音平台的专业推广服务

其中,抖音平台的专业推广服务又包括以下4条。

(1) 视频置顶服务

可以对重点推荐内容进行二次加热,带来更多曝光。

(2) 链接跳转服务

想放的链接、宣传内容都可以挂上,为品牌或产品呈现提供更多展示机会和访问量。

(3) 销售转化服务

赋予每一个行业的垂直转化组件,便于实现营销→传播→转化行为(内测中)。

(4) 营销洞察

热点内容、视频数据、评论口碑尽在掌握,专业洞察工具赋能企业高效营销。

这些权益足以保证用户的营销需求,从而形成新的营销闭环。对此,可以举个例子,假如一个本地餐饮企业,拥有了蓝V认证可以在发布的内容中附上自己门店的具体地址,可以通过导航软件给门店导流。假如一个App拥有蓝V认证可以直接加入App的下载链接,这会大大提升转化率。

第23招 实现与同类账号的差异化
——分析抖音大号的内容特点

抖音大号之所以能被粉丝广为关注，最核心的原因是它提供了大多数普通账号所没有的内容。因此，分析抖音大号就是分析这些大号中的内容特点。

抖音大号的视频内容通常有以下4个特点。

（1）内容稀奇、新鲜、普及性强

在抖音上网红大号的内容，无一例外都有这样几个特点：稀奇、新鲜，满足粉丝的好奇心，同时，又能满足粉丝学习知识的需求。

案例1

抖音上有很多专门为抖友提供新奇、脑洞大开的冷知识的账号。冷知识本就十分容易激发大多数人的好奇心，不仅满足人们天生就渴望对所在环境变化的认知需求，还能

图3-8 "地球村讲解员"抖音视频

给人们提供日常社交的谈资。在人们日常社交的时候，往往最重要的是寻找话题，而这些脑洞大开的知识，不仅很容易可以成为谈资，并且还能体现优越感。

再加上这些知识确实十分有用，观点十分有见解，跟大众一贯的认知形成特别大的反差，所以特别容易引起粉丝的关注。

"地球村讲解员"就是其中之一，既能满足粉丝好奇心，又能学习到新知识，如图3-8所示。

类似的还有一些旅行账号、极限挑战运动账号等，这些视频能火也是因为能持续满足人们对外面世界探索的好奇心。

因此，如果你的视频能持续提供这类信息，以满足用户的好奇心，那么就会触发用户对你进行关注。

（2）便于粉丝学习效仿

抖音上还有一类特别受欢迎的情感大号，类似于"别人家的女朋友/男朋友"这种人设的形象。这类账号受欢迎的原因是容易让粉丝产生羡慕心理，继而被作为一个参照物来效仿。

人天生就会通过参照模仿他人的行为来规范自身，特别是当我们渴望成为某个样子时。比如渴望成为网红，就学习参照网红的穿搭和技能；渴望成为某个领域的专家，就会参照学习那个领域专家的行为。

因此，如果你在视频中塑造粉丝渴望成为的对象，那么就极有可能吸引他们关注。在具体操作上只要能塑造一个粉丝渴望成为但成为不了的对象即可。比如穷人渴望成为富人，年轻人渴望成功，老人希望永远拥有健康等。

❤ **案例2**

前两年，网上有一句"世界那么大我想去看看"的话题特别流行，令很多人都想成为周游世界的人。为此，不少账号因塑造人们渴望成为的旅游达人形象而成为网红大号，例如"旅游攻略小姐姐"，通过介绍国内罕见的旅游景点成功拥有近20万粉丝，如图3-9所示。

图3-9 "旅游攻略小姐姐"抖音账号

（3）能真正地为粉丝解决问题

生活中人们总会遇到各式各样的问题，这些问题大大阻碍生活、工作和学习的正常进行。你所发布的抖音视频如果能解决他们的这些问题，让其生活更美好、工作更顺利、学习更高效，那么肯定就能吸引大量关注。

抖音上有很多介绍Office技巧、家居搭配、美食类账号，其实这类账号就是帮粉丝解决问题的，粉丝通过视频可以更好地使用Excel，满足家居搭配、做饭的需求。比如"Office办公技巧"就是这样一个账号，由于能真正解决一部分人的迫切需求，拥有159.7万粉丝，点赞量164.5万次，如图3-10所示。

图3-10 "Office办公技巧"抖音账号

这类账号最大的特点就是工具化，因此又称为工具化账号。这类账号一旦成为网红，相比其他网红的生命周期都长久。因为，比如那些提供感官刺激的网红无论有多好看，有多搞笑，迟早有一天人们会"刺激适应"，产生审美疲劳。但是工具化的网红就不一样，他并不是为了满足粉丝的情绪体验需要，而是帮助用户更好地完成某项任务的工具，永远不会让人产生疲劳，因为他们是让人更高效地完成社交和更便捷地完成工作的工具。

（4）有助于粉丝的自我实现

除了前面3种，抖音大号的内容还有一个特点是专门提供鸡汤类视频。时势造英雄，在这个快速变化的时代，最不缺的就是一些跌宕起伏的个人成功案例。这些成功案例通过媒体渲染后，鲜活生动地展示在大众面前，刺激着人们去追求成功、实现自我价值的同时也让无数人对自身的现状感到无比焦虑。

而鸡汤类视频则提供给人们一种想要获得成功的积极思想。比如无论是在抖音上还是其他平台都能见到类似的观点。

"成功就是不断地逼自己发挥潜能"

"马云：让自己变得更加优秀你需要做到这5点"

"马化腾：做到这7点你永远不迷茫"

"王健林：你没成功是因为你没做这5点"

这些积极的思想之所以这么有说服力，被许多人奉为金科玉律，除了利用名人的权威效应，最重要的还是能提高个人的控制感。

在现实生活中人们难免会遇到挫折、迷茫、甚至是无助，这会产生一种生活已经脱离我们掌控的感觉，这种感觉会让人产生焦虑，而这些积极的思想则让人觉得现在之所以这样，是因为没做到这几点，做了我就能变得更好更成功，从而让人有一种生活重新被掌控的感觉。

这些积极的思想可以让人获得心灵慰藉暂时摆脱焦虑，而有些现代人的焦虑情绪每个月总会爆发几次，而每当产生焦虑的时候，就会需要这种精神食粮来提高个人的控制感，补充了之后人们就会仿佛重新获得了力量一般。

第24招
对账号进行精准定位
——嵌入与视频内容有关的关键词

抖音营销人员最关心的是自己的抖音账号能否迅速吸引粉丝关注，快速涨粉。然而，事与愿违，很多账号反而涨粉很慢。涨粉慢，与账号定位不精准有密切关系。

一个抖音账号必须有明确的定位，没有定位粉丝就无法对其有明确判断，以至于很难留有深刻的印象。当粉丝无法意识到账号存在的意义，或在关注后对其很难有个深刻印象时，也就失去了进一步关注、互动的欲望。

那么，如何做才能给自己的账号进行定位，更有特色？最有效的方法就是在账号中嵌入与视频内容有关的关键词，具体可从以下2个方面入手。

（1）精心拟写账号名称

"名字起得好，挣钱挣得早"，这不是玩笑话，而是好名字的真实写照。粉丝搜索或关注一个抖音账号，首先想到的是它的名称，如果名称有特色，那往往就会很容易被记住。因此，拟写账号的名称很关键，能体现行业、企业、品牌或产品的特征。

为了体现这一特征，在账号名称中最好植入明确的关键字。比如提供婚礼策划服务的企业，账号中最好带有关键词"婚礼""婚庆""婚姻"等，如图3-11所示；提供培训服务的学校、网站、机构等，账号中要带有关键词"培训"，如图3-12所示。

图3-11 抖音名称中的"婚礼"关键词　　图3-12 抖音名称中的"培训"关键词

（2）认真编写个性签名

个性签名是抖音账号的主要组成部分，通常位于账号昵称下方，一般是几个词或一句话，概括平台的功能、特点或其他。总之就是写一段话让用户马上知道你是谁、你要干什么、你能提供什么价值和服务。

不要轻视个性签名的作用，它往往是用户搜索账号时常用到的关键词，搜索算法逻辑规则里，功能介绍的文字占有很大权重，把账号最想传递给粉丝的信息体现在个性签名里，便会提升抖音账号的搜索排名。比如唯品会抖音账号的个性签名为"和你分享一切变美 变时尚 变有趣的干货"，如图3-13所示。

个性签名还有一个作用，即可以弥补账号名称信息量少的不足。比如有些账号在名称上没有明确定位，表述比较模糊，这时就可以通过十几或几十个字的个性签名加以明确。

图3-13　唯品会抖音账号的个性签名

第25招
提升账号权重
——让账号快速挤进热门之列

一个抖音账号能否快速涨粉，很大程度上取决于能否上热门，而能否上热门又与权重有着密切的关系。权重，在数据分析领域非常常见，那么抖音账号的权重是怎么计算的呢？

抖音官方对账号权重的算法是这样规定的：决定一个账号初始权重的是前5个视频作品，这5个视频获得的用户反馈数据越高，初始权重也就越高，如图3-14所示。

图3-14 决定抖音账号初始权重的关键

通常来讲，新账号发布视频相较于老账号来说，更容易受到系统青睐，更容易获得被推荐的机会。所以对于新账号来说，一定要加倍重视初期发布的视频，在内容题材、质量上都要进行严格的把关。

一个新抖音账号在经过前5个视频的初始权重确定之后，影响账号后续权重的主要因素有4个，如图3-15所示。这4个因素的重要性从高到低为播放量（完播率）、点赞、评论、转发。

图3-15 影响抖音账号后续权重的4个因素

在视频成功发布之后，系统会根据账号当前的权重推荐给一小部分用户，如果用户完整看完整条视频。那么，系统就会认为这是1个播放量。这也是为什么要强调前5个视频的重要原因，因为它决定着账号的初始权重。

然后，系统会根据剩下3个因素的具体数据综合起来计算，最后得出本条视频的质量，如果达到甚至高于系统设定标准，就会被视为优质内容，系统就会给予更多的流量推送，上热门，该视频也会得到更多的曝光，那么，这也意味着完成了一个视频的被推荐过程。

当然，决定账号权重大小的并非以上几个因素，还与发布者的发布技巧有关，这些小技巧可以有效提升权重，具体如下。

（1）视频的发布时间

视频发布时间的选择对账号权重的提升有很大影响，因为抖音用户的活跃时间是有明显规律的。统计得出，16点到22点是用户活跃度较高的时期，在这个区间内优质的内容能够即时得到精准标签用户的反馈，上热门的机会更大。因此在目前，很多大号将发布时间集中在16~22点之间。

按照抖音短视频的推荐算法规则，通常是根据总视频的前1000个所获得的点赞量与转发量进行计算。也就是说，在这个推荐量范围内某个视频播放、转发、点赞量比例较高的话，系统会对应地推送下一批流量给你。所以，前1000个推荐量的点赞量很关键。因此，卡好视频发布的时间，在高峰期发布视频能够有效地提升视频权重，以及上热门的机会。

另外，有的账号反其道而行之，选择错开高峰期发布。因为为了争取前1000个视频名额，大量的视频发布，从而造成内容扎堆。要知道，抖音活跃用户是存在上限的，比如说推荐量1000万，同一时间有10个好作品被系统推，与同一时间有100个好作品被系统推，明显前者能够获得的曝光更多。

因此，很多有经验的运营人员会选择错峰发布，在作品不多的时候，提前或者延后1到半个小时，让自己的内容获得更好的数据，或者说进入更多的推荐池中。

（2）与官方热点或者热门话题相关联

学会通过卡时间来获得高流量这个技巧之后，就需要考虑发什么内容了，实际上内容才是真正决定流量高低的因素。上热门，一定要学会蹭热点，比如在抖音中有着很多热点话题、挑战、官方活动等，这些内容都是可以获得官方推荐权重的，所以，与这些热点有关的视频往往更容易获得更多的播放量，提升点赞概率。

因此，所发布的视频内容尽量与官方热点或者热门话题产生关联，植入热门关键词，并进行绑定。

（3）选择热门音乐

抖音是一个音乐类短视频App，因此，音乐是抖音视频的一大特色，这也是用户喜欢抖音的主要原因。我们所发布的视频最好能配上音乐背景，抖音上有很多受欢迎的歌曲、音乐，我们可以跟随潮流，发现哪些比较受欢迎就将该音乐套入到自己的视频当中，用户在刷到视频时就会觉得这个音乐熟悉而被吸引观看视频内容。

另外，还有一些小技巧也要多运用，比如抖音小助手，事实证明，抖音小助手确实是对视频上热门有很大帮助，建议发布视频时要@"抖音小助手"。再比如定位到热门商圈，在发布视频时定位到热门商圈也是能够提升视频权重的，如在市中心、网红打卡处等地点进行拍摄和发布。

第26招
构建账号矩阵
——发挥账号群的作用

做抖音营销仅靠单号运营是不够的，必须构建账号群。在这个全网时代，我们要争取的不只是某一个平台上的用户，而是多个平台所有的用户。而且各平台上的用户之间具有一定的交互性，可以形成口碑效应。

案例3

"樊登读书"每周为用户更新一本书的精华解读，以音频、视频等方式满足多场景的学习需求，解决"没有时间读书、不知道读什么书、读书效率较低"的难题，在抖音上有很大的影响力，粉丝超过1亿。之所以能拥有如此多的粉丝，与其构建庞大的抖音矩阵账号有关，2019年，"樊登读书"已经在抖音上拥有几百个矩阵账号，如图3-16所示。

"樊登读书"抖音矩阵运营模式，就是通过大批量的复制账号，把内容复制变成账号复制，从而得到抖音流量红利，完成想要的目标。

"樊登读书"建立这么多账号，主要是因为其内容足够多，足够丰富，一个账号发不同的内容不就好了，同时，还有重要的一点，就是其拥有上千个独立运营的授权点。全网的1亿粉丝中，有很多账号来自授权点，或者叫B端。这些授权点本身就是他们的运营中心，分布在全国各地，负责"樊登读书"的推广业务。如图所示为"樊登读书"分布在全国各地的部分抖音账号运营方。

因此，要想吸引更多用户关注自己的账号，让品牌和产品传播到更广的范围，就需要构建账号矩阵。即围绕抖音账号，在不同的平台上建立其他账号，或建立两个或多个抖音账号，并尽可能地让账号与账号之间建立多维式联系，最大限度地挖掘抖音账号的价值。

图3-16　部分"樊登读书"抖音账号

多维式是相对一维式而言的，是指从多个角度，多层面打造自己的账号矩阵。按照账号的定位、类型、功能，以及性质的不同，打造出不同体系的账号群。事实上，很多企业都是这么做的，接下来就阐释如何通过构建账号群实现多层面的抖音营销。

（1）多平台矩阵

多平台矩阵，是指在多个平台上同时开通账号，实现内容的同步推送，其示意图如图3-17所示。

第3章 | **账号篇：**"高颜值"账号才能快速占领粉丝的心

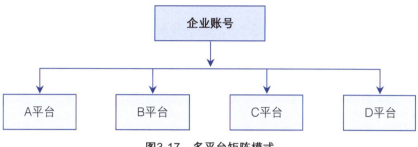

图3-17 多平台矩阵模式

案例4

唯品会作为国内最大的电商平台之一，十分注重利用抖音进行宣传和推广。2019年11月10日，一场全民参与的狂欢抢购节正式拉开帷幕，数以亿计的"剁手党"守夜静候。深谙消费者心理与网购需求的唯品会开启了抖音新玩法，发力做了一场"不一样的11.11"娱乐营销，结合时尚正品特卖与娱乐惊喜体验。在开售前6小时上演一次"粉红特工挑战秀"大型活动，为2亿多注册会员打造了一场"寓购于乐"的惊喜派对。

为了达到大范围传播的目的，唯品会同时还在多个平台开通了账号，如美拍、YY、花椒等，配合抖音营销，实现相互引流。

（2）辐射性矩阵

辐射性矩阵，是指在同一平台上同时开通多个账号，实现内容的差异化运作，且所有内容都要围绕主账号进行，其模式如图3-18所示。

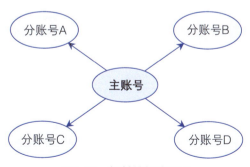

图3-18 辐射性矩阵模式

案例5

将账号矩阵优势发挥得淋漓尽致的企业非糗事百科莫属。他们采用"官方总账号＋分账号"的模式，以大带小。糗事百科是主账号，同时配了4个分账号，分别以三大签约演员黄文煜、李梦雪、赵大使命名，以及一个名叫"放弃治疗"的账号，从而形成了一个以主账号为中心，分账号为侧翼的辐射性矩阵。

（3）互补性矩阵

互补性矩阵，是指按照内容类型、性质的不同，分别开通两个或多个功能不同的账号，以实现内容上的互补，其模式如图3-19所示。

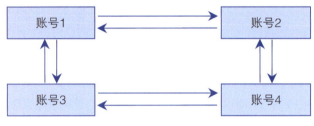

图3-19　互补性矩阵模式

案例6

小米公司的抖音账号矩阵以功能进行分设，主要有两个。一个是"小米手机"，另一个是"小米MIUI"。两个不同的账号分别提供不同的服务，相互推广，让粉丝互通，如图3-20所示。

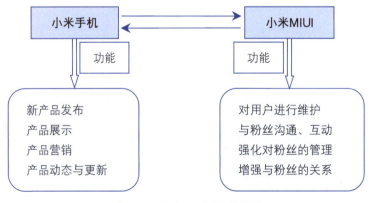

图3-20　小米——互补性矩阵

（4）链条式矩阵

链条式矩阵，是指先确定一条主线，然后以主线为基础，建立多个账号。其实，这也是一种"主账号＋分账号"的模式。与辐射性矩阵不同的是，分账号之间可能存在交叉和重复，而辐射性矩阵下的分账号相互之间是相对独立的，其模式如图3-21所示。

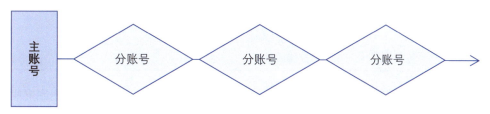

图3-21 链条式矩阵模式

案例 7

万达是国内房产行业、百货行业中的佼佼者，也是较早开始做抖音营销的传统企业之一，万达在对账号进行布局的时候采用了链条式矩阵。

万达的抖音账号是以总公司——分公司——地区——行业依托而建立起来的链条式布局，总公司的账号下设多个区域性账号，区域性账号因地区不同名称也不同。

如"万达影院"，在不同的地区分设了诸如"北京万达影院""上海万达影院""济南万达影城""合肥万达影城"等区域性分账号。

万达的办事处、分公司、分店遍布全国各地，如果都建立自己的抖音账号，那么将形成一个巨大的账号集群，形成一个完美的线上线下O2O体系。

对上述4种账号矩阵模式进行总结，可以发现他们各自特点鲜明，极具特色。不过，在操作实践中还需要根据企业、产品的实际情况甄别选择。选择参考如表3-2所列。

表3-2 抖音账号矩阵模式总表

矩阵模式	代表性企业	适用范围	隶属关系
多平台矩阵	唯品会	适用范围较广，任何业务类型的企业都适合	无
辐射性矩阵	糗事百科	业务类型较单一，产品品种较少，相互之间又没有过多联系的企业	有
互补性矩阵	小米公司	业务类型较单一，产品品种较少，相互之间联系较密切的企业	无
链条式矩阵	万达地产	业务类型较复杂，产品品种较多，相互之间又没有过多联系的企业	有

粉丝决定销量，谁获得的粉丝多，与粉丝的关系紧密，为粉丝提供的服务越好，谁的获利就越多，同时，也能最大限度地打开市场、适应市场，获取最大收益。但想要吸引更多的粉丝，必须建立多维式的账号群，形成矩阵。

第27招
利用官方"刷量"工具
——巧用"DOU+"功能

"DOU+"是抖音上一个用来推广视频的收费功能，如图3-22所示。这个功能是抖音官方推出的一个广告投放平台，以帮助用户把视频推荐给更多的粉丝，提高视频的播放量与互动量。

"DOU+"的操作非常简单，只需5步，具体如下。

① 打开任意一个发布的视频，在视频播放界面点击"转发"按钮，如图3-23所示。

② 点击右侧的"分享"按钮，如图3-24所示。

③ 接着进入生成订单界面，在弹出的选项中点击"DOU+"，如图3-25所示。

第 3 章 | 账号篇:"高颜值"账号才能快速占领粉丝的心

图3-22 "DOU+"产品介绍

图3-23 "DOU+"的操作步骤1

图3-24 "DOU+"的操作步骤2

图3-25 "DOU+"的操作步骤3

④运营者也可以自己选择推荐视频的用户,点击"自定义定向投放"。下方会出现几个选项,性别、年龄以及区域。

⑤选择完毕,点击"支付"就可以了。

然而,需要注意的是,"DOU+"功能虽然操作简单,但并不意味着轻轻松松就能用好它。比如很多运营者尽管进行了付费,但实际效果往往不好,而且越到后期感觉效果越差。这是因为他们只知道,"DOU+"是一种针对流量的变现工具,只看到了给出的每100元可增加5000的数字,盲目地购买流量推荐,进行付费推广,而没有真正意义上透彻地去了解。

那么,应该如何正确使用"DOU+"呢?可以从以下4个方面做起。

(1) 准备

准备4~5个账号,每个账号准备10个左右的优质视频,分几天发完,每天两个视频即可。发完之后投"DOU+",当每个视频在消耗三四十元的时候隐藏视频,再公开,这样可以节约成本。

(2) 试投

先拿出一个产品进行测试,拍几个高质量视频发抖音,先不要做任何包装,直接推100块钱的"DOU+"自定义,看能带来多少价值。然后,再自定义定向,确定投放对象,其中,年龄、地域和兴趣根据需要进行选择。比如你准备卖护肤品,就可以指定18~23岁、24~40岁的女性。

(3) 定义账号属性

账号属性要被明确定义,是卖货、带货,还是宣传推广产品,这样做是便于视频被推荐到同类视频中。

(4) 包装账号

从昵称、头像、主页背景、个性签名等方面进行包装,按照带货、销售产品类属性包装。如果不知道怎么进行包装,可以参照抖音上同行的做法。

第3章 | 账号篇："高颜值"账号才能快速占领粉丝的心

第 28 招
避免踩入封号误区
——绝对不能触碰的6条红线

很多账号好不容易获得几万粉丝，结果被封号了，更苦恼的是，自己压根不知道为什么。由于短视频的迅速发展，出现了诸多问题，迫使国家监管部门纷纷出台条例、法规，以限制和约束平台行为。为此，抖音平台对账号的管控越来越严格。比如2019年7月，抖音平台就累计清理79460条视频、62356个音频、3307个挑战，永久封禁51687个账号。

因此，作为运营者必须明确哪些内容不能发，哪些行为不能做，红线一旦触碰面临的可能就是封号，即使不封号，被限流、降权、屏蔽部分功能，那该号也等于是个废号。

那么，抖音上有哪些红线不能碰呢？主要有6条，如图3-26所示。

图3-26　抖音上不能碰的6条红线

（1）买量

任何买量，不管是买赞、买评论、买播放量、买粉，其实都属于机器操作。抖音平台有严格的系统检测，任何买量行为都会被检测出来，只是时间的问题。轻则限流、账号重置，重则直接封号。

（2）频繁留微信号

包括在评论、私聊里频繁重复留微信号，都容易导致降权限流。严重则可能会被系统警告和封号。

当然，"频繁"这个词，很难具体去界定。怎么才叫频繁，留几次算是频繁，平台没有明确的规定。在这里，几次不是讨论的重点，而是绝对避免。

（3）频繁发布质量不高的视频

正常发布视频通常是一天一到两条，发布频繁会被平台判定为营销号，影响账号的权重。另外，发布的内容质量要高，诸如无台词、无主题、无人物、无声音、无吸引点等内容，避免发，否则也会影响到账号权重。

（4）发布负面内容

抖音平台一直鼓励用户传播向上、向善的社会正能量。消极、负面的视频一是容易被用户举报，二是也不能获得好的自然流量。负面内容包括消极言论、负面导向等，比如脏话、裸露、诱导、诋毁类等等。

另外，有一点应该注意，即负面内容不仅仅是视频内容，还包括账号昵称、抖音号、个性签名、视频描述、文案、私信、评论等。凡是能够添加的关键词，对这些位置的文字，抖音会有专门的审核系统，如果具有负面性，会被降权、降级，平时上万的基础推荐，直接变成几百，甚至零推荐。

（5）广告性太强

打广告，本质目的其实就两个，引流和变现。对于抖音来说，自己花费巨额资金从其他平台引流来的用户，被你通过广告轻轻松松拉到微信、QQ等渠道里面，当然不被允许。

那么，所谓的广告性太强的行为通常包括哪些呢？有5个，如表3-3所列。

表3-3 抖音中广告性太强的行为

行为	举例
视频中有硬广告	带有产品名称、图案、标识或广告语
视频中含有个人联系方式	二维码、电话号码、个人微信/QQ号、微信/QQ群号等或内容含有多处推广信息
有明显营销意图	回复xx，获得xx
诱导用户点击/关注本人账号之外的其他账号	关注领奖、关注看回答、关注获取下载资源等
推广微信或微信公众号时使用变种	微心、威信、薇信、微^信^公^众^号等

（6）批量删除或隐藏视频

虽然批量删除视频和隐藏视频，不会有账号违规、重置或封号的风险，但是这样的非正常操作，容易导致账号降权，播放量直线下降。

这也就是为什么很多人说自己的账号开始播放量都在几万左右，但是突然某一个时间过后，播放量只有几千几百。如果你的视频播放量异常，很有可能就是账号被限流、降权。

可见，无论是普通的短视频玩家，还是专业的短视频运营生产者，想要玩转抖音，以上6条红线千万不能触碰。因为一旦触碰，会面临降权、账号重置的风险，严重者直接封号，导致之前所做的努力全部付诸东流。

第 4 章 ▶ 直播篇：

直播比短视频更高效触达、驱动用户

抖音直播是抖音App上一个主要的功能，于2018年7月正式上线。2019年抖音开始发展直播业务，依托于其庞大流量基础，抖音直播势如破竹。较之短视频，直播可以更高效触达、驱动用户，因此，做抖音营销必须开通直播。

第4章 | **直播篇**：直播比短视频更高效触达、驱动用户

第29招
抖音直播带货
——抖音直播带货的流程与技巧

随着各大电商的助推，很多直播平台都涌现出了一大批带货网红，直播成了电商、社交、视频等各类线上平台的利器，直播电商成为未来电商发展的趋势与风口。也正因为这个原因，抖音也在快马加鞭地大力推进视频带货和直播带货。尤其是2019年"双十一"前后，动作频频。那么利用抖音如何进行直播带货呢？需要做好如图4-1所示的5个方面。

图4-1 抖音直播带货的准备工作

（1）直播前的准备工作

直播前的准备工作有很多，需要特别准备的主要有产品、背景音乐、道具以及脚本等。

1）产品

做一场直播必须有它的主角——产品，在如何选择产品上可以根据两个原则进行。

第一，根据市场需求选。选择符合现在市场的产品，如雾霾天卖口罩，天冷卖

羽绒服。如果粉丝数量比较少，主播可以根据自己的风格、调性和人设进行选品。

第二，根据粉丝需求选。具体做法是提前建立粉丝直播群（开通群聊功能），在粉丝群中通过询问、投票等形式了解粉丝想要什么样的产品。如果粉丝群中热度不高，可做一些小活动，刺激一下粉丝。

2）背景音乐

音乐是抖音上的一大特色，无论做短视频还是直播，最好都能配上合适的背景音乐。因此，开播前需要提前准备音乐。如节奏感较强或近期热门音乐串烧或符合直播调性的旋律等。

3）道具

提前准备展示商品需要的道具，比如展示柜、展示架、海报等。

4）脚本

撰写脚本可以有效梳理直播流程，避免直播过程中出现意外情况，为主播做出明确指导。那么如何撰写脚本呢？前提是充分了解脚本要素。一个完整的直播脚本包括如表4-1所列的3个要素。

表4-1　完整的直播脚本包含的要素

脚本要素	解释
直播时间与时长	稳定直播频率，提前告知粉丝直播时间
直播内容模块	根据直播主题，以10分钟/30分钟/1小时分配时间段，确定相应直播内容模块
预算	单场直播成本的预算，根据自身条件与预算计划好本次的费用

（2）直播人员与场地筹备

1）主播

主播，是直播的主体，是整个直播过程中关键的一环，可以说直接决定着直播的效果和对粉丝的吸引力。一场好的直播活动，必定是主播在起核心作用。因此，正确选择主播人员就显得异常重要。

对主播的要求一般是要有干净自然的妆容并和背景、服装造型风格一致；情绪饱满，精神状态良好；口齿清晰，表达流畅。卖货主播建议搭配一名助手，及时回复评论，帮助展示商品，避免主播突发情况离场。

2）场地设备

场地要求选择干净明亮的背景环境，根据灯光简单布置，确保光线明亮，避免过度曝光和逆光，按条件增加补光灯。

（3）直播主题与形式确定

1）直播主题

直播主题要结合所卖产品需求和粉丝需求，同时要突出自己的特长或内容亮点，给粉丝关注的理由。

2）直播形式

常见的有聊天型、卖货型、综合型3种直播形式。聊天型适合初期直播，培养粉丝黏性；卖货型以带货、电商转化内容为主；综合型是兼聊天、才艺、卖货等形式于一体的一种形式，内容丰富，吸引力强。

（4）直播后的信息反馈

直播完成不等于就完成了所有工作，还需要做好后续信息的反馈工作。其目的具体包括如表4-2所列的3项。

表4-2 信息反馈的目的

反馈目的	工作内容
提高产品转化率	正式直播结束后可以在账号内发详细的产品使用方法，提升用户体验，增加用户黏性
收集粉丝不同意见	在粉丝群里互动，可以询问粉丝对价格的反馈，以及收到货后对产品质量的反馈
完善售后服务	直播结束后及时跟进订单处理，确保用户的消费体验，特别是发货环节，一定要及时跟进

具体的反馈形式主要有3种，私信反馈、客服反馈和其他反馈。

1）私信反馈

对直播中较活跃的粉丝随机进行"私信回访"，通过私信收集深度反馈。第一，表达感谢支持，拉近关系，可提高粉丝忠诚度。第二，收集直播反馈，总结哪里做得好，哪里做得不够，给下次直播一些建议。

2）客服反馈

通过客服在线解答粉丝疑问，主动在粉丝群里收集直播反馈。"宝宝们给刚才的直播打几分？""小仙女们喜欢今晚直播的衣服吗？""下次直播想看口红还是？""下次直播我们约几点？"。

3）其他反馈

其他反馈包括其他站外渠道，这部分反馈可及时发现直播中的问题，从而达到提高产品转化率、搜集粉丝不同意见、完善售后服务等目的。

（5）直播复盘

直播复盘主要是对直播过程中产生的一些数据进行分析、总结，得出结果，以更好地指导后期的工作。每一场直播结束，不是立刻发货，而是要抓紧时间进行复盘。

直播后复盘至少包括直播数据分析、电商数据分析、调整改进等。

1）直播数据分析

针对本次直播数据进行记录分析，为下次直播做更好的优化。常见的直播数据类型包括6项，如表4-3所列。

表4-3 直播数据的类型及解释

数据类型	解释
时间及时长	不同时段/时长的直播效果
点赞数	粉丝用户点赞数量，持续提升直播间热度

续表

数据类型	解释
观看人数	直播间实时的观看人数
评论数	粉丝及潜在粉丝用户在直播间实时评论
转发数	转发能够带来其他用户点击直播间观看
直播涨粉数	进入直播间的陌生用户被吸引所关注数量

2）电商数据分析

电商数据，是指通过抖音直播引流后，在第三方平台或店铺中产生的数据，具体包括5项，如表4-4所列。

表4-4 电商数据的类型及解释

数据类型	解释
订单数	全部状态订单
账单数	交易中及交易完成金额
点击数	到达商品、店铺的点击数量
付款数	带来的付款订单笔数
总金额	总收入金额数

3）调整改进

在对所有数据进行对比后，一定要找出可以改进的地方，在下一次直播时实施。单场直播收入过亿的淘宝第一主播薇娅，每场结束后都会对正常直播的优劣进行梳理，记下可以提高的点才休息。因此，想要做好一场直播，并不是一件容易的事情。

第30招
开通抖音直播带货
——开通抖音直播带货的步骤与条件

抖音直播带货,通俗地讲就是开通直播电商功能,在直播间添加购物车。2019年下半年,抖音更新了商品橱窗的开通门槛,这直接使直播带货门槛发生新变化,开通直播电商功能条件大大放宽。

开通抖音直播带货需要满足2个条件。

(1)已经成功开通商品分享功能

商品分享功能就是商品橱窗,按规定,只有开通商品分享功能也就是商品橱窗,才能直接开通直播购物车功能,进行直播带货。

而商品分享功能的开通也需要同时满足3个条件,如图4-2所示。

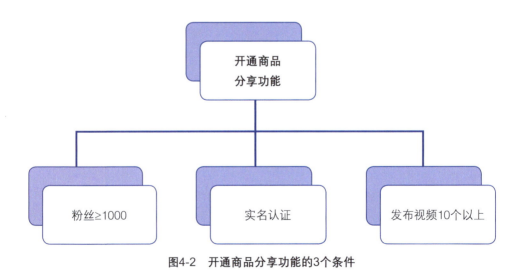

图4-2 开通商品分享功能的3个条件

（2）抖音账号粉丝数≥1000

开通直播商品分享功能之后，就可以在直播间添加商品链接，引导粉丝边看边买货。直播间添加商品链接步骤如图4-3所示。

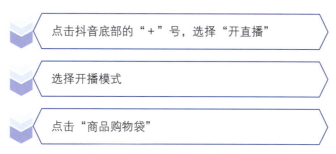

图4-3　直播间添加商品链接步骤

选择开播模式后，直播模式有视频直播和PC游戏，视频直播就是手机直播，PC游戏是PC端直播入口，如图4-4所示。

抖音直播带货有3个核心功能，具体如下。

（1）直播商品上架和排序

主播在开播前和开播中，都可以对直播的商品进行上架和排序。

（2）商品讲解功能

主播点击"讲解"按钮，即可进入该商品的讲解时间。粉丝端会弹出商品卡片，点击购物车自动定位该商品。

（3）商品列表展示优惠券

在小店和淘宝店铺后台设置商品优惠券，直播间商品列表会展示"优惠券"标签，点击商品列表进入"商详页/种草页"领

图4-4　抖音直播的两种模式

券后购买。另外，在直播中，有趣的标题和好看的封面，也可以吸引更多的人气。

需要提醒的是，做直播带货一定不要错过官方渠道的运营指导。我们在后面会讲到电商小助手，这是官网唯一指定的抖音购物车教学平台。平台会不定期进行直播，向抖音创作者们介绍官方最新的政策、方向，以及各种玩法、规则，在这里可以学习到很多电商直播方面的知识。

第31招
借助公会的资源扶持
——加入一个靠谱的抖音公会

对于运营人员来讲，做抖音直播目的就是通过内容实现引流、变现。为了更好地帮助运营方赚钱，抖音平台上出现了很多抖音公会，可以为主播带来更多资源和扶持，现在大部分主播都是会选择加入公会。

抖音公会是一个为主播提供资源扶持的组织，加入公会后，会获得很多好处，比如流量扶持、热门推荐、专业培训指导等，具体如表4-5所列。

表4-5 加入抖音公会的好处

好处	具体内容
获得直播功能开通权	很多人自己无法开通直播权限，而加入公会即可立马开通
获得流量扶持、专业培训指导	加入公会后的主播可以获取大量推荐机会，不但可以迅速提升人气，而且礼物分成也会得到大幅度提升
高分成	个人直播最高只能拿30%抽成，另外的70%平台会抽取。但是加入公会可以获得20%～50%的分成，有些S级公会根据主播的流量直接给到65%的分成。部分公会是会给发工资的，有着相应的奖励政策

续表

好处	具体内容
可提现	加入公会的主播一般可以选择在每月的1号到15号在后台选择自提就可以了。结算规则一般是进入公会满一个月后才可以申请提现

公会和主播的关系就像是经纪公司和明星的关系，公会为主播提供宣传、公关、签约谈判等服务，然后从主播所得中抽取一部分作为回报。

建议想做抖音直播的朋友，加入公会前，一定要找讲诚信有实力的公会。一定要考察好，要慎重，不然自己会处于相对被动的局面。

（1）如何选择公会

抖音公会目前有S、A、B、C4种级别。

S级：目前为止，抖音平台的规则为300万流水以上的为S级公会。

A级：中型公会，推荐位较少，给主播的分成在正常水平。

B级：小型公会，有推荐数，给主播分成不高。

C级：等级最低，没有热门推荐位，给主播分成也是最低的。

对于主播来说，S级公会的优势是高分成，推荐资源会更好，对于一些老牌、资历深厚的大型公会，平台或许还会有流量扶持。不过，现在抖音公会的等级，仅仅差距在推荐的数量和分成上，主要还是判断资历和运营经验。

（2）如何加入公会

加入抖音直播公会需要公会发出邀请。2019年8月以前，加入公会的方式是加入人发起申请。而在8月份以后，抖音更改了关于公会入驻方法，将申请制度改为邀约制。

公会邀请之后，被邀请人可以在抖音App的消息功能中查阅，具体步骤是：消息—消息助手—系统通知。之后直接点击通知链接确认即可。

需要注意的是，在收到公会邀约后，一定要先了解该公会的性质，并详细了解加入公会享有的权益。

（3）如何退出公会

关于抖音公会的退出办法，官方给出了具体的解释，如图4-5所示。

直播行业发展到现在，各方面都很成熟，也已经过了平台大量投入的那个时期，目前所有的直播平台都是要赚钱、变现，所以基本上平台都会和公会合作。因为公会更加的专业化、职业化、能促进平台更快、更高效地帮主播进行直播。对于个人主播，平台也是会建议主播加入公会。

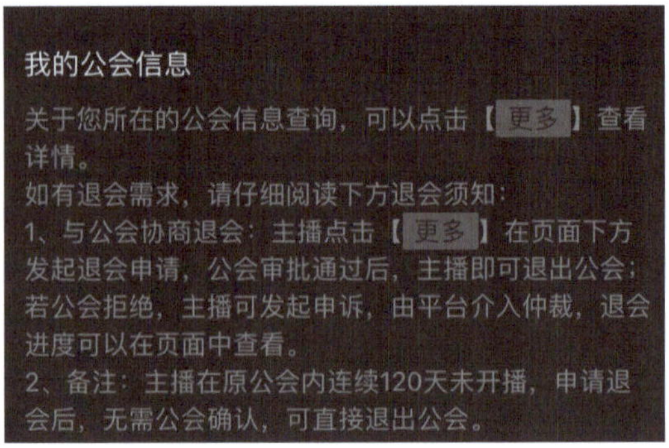

图4-5　抖音公会的退出办法

第32招
主播要善于发挥自身优势
——做自己最熟悉、最擅长的内容

做任何行业都有一个规律，即"做熟不做生"，一个人必须做自己最熟悉、最擅长的领域才能得心应手，而且更容易发挥自身优势和潜能。目前，有很多抖音营销人员最大的困惑就是不知道播什么。无奈之下，有的人人云亦云，看见别人视频播什么，什么受欢迎就跟风去做；而有的人经常变换自己的视频内容，今天教唱歌，明天教化妆，隔两天又直播厨艺；还有的人根本没有什么计划，想起什么就做什么，完全靠一时兴起。

类似以上的几种情形注定是要失败的，而且很难形成自己的风格，拥有固定的粉丝群。做抖音一定要明确定位内容，即要知道自己为什么而做，能否在受众心中树立起一个相对稳定的内容形象。

持续、稳定的内容输出，是提高抖音视频内容质量、吸引粉丝的基本前提。

那么，如何保证持续、高质量的内容输出呢？如图4-6所示。最简单的方法就是根据自己的特长或者资源而定，做自己最熟悉、最擅长的领域。即内容要与自己所掌握的知识、积累的经验相符，最大限度地发挥自身的特长。

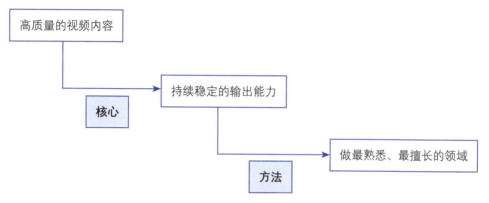

图4-6　成为优秀主播的核心和方法

做熟不做生，是我们选择抖音视频内容的第一原则，否则很有可能得不偿失，时间、精力都付出了，却收不到预期效果。

有段时间，在抖音上卖服饰很火，于是很多运营人员开始做服装方面的内容，但对于如何进行一场服装直播却没有明晰的思路。有的人可能仅仅停留在"我很喜欢服装""我喜欢穿衣搭配"的浅层次内容上。要知道仅仅喜欢还是不够的，要想为观众提供更多的内容需深入了解这一行，深度挖掘一些有价值的内容，在穿衣、选款方面有着独特的传播理念或者最专业的意见输出。另外，还要必须成为服装方面的专家，对所在的领域，所在行业有独到的见解真正代表该领域的权威。

第33招
提升粉丝观看体验
——与用户互动，不一样的感受

当媒体进入音频时代，信息单向传达已经无法满足用户的需求，需要更多的互动。抖音最大的优势是即时互动。

纵观那些带货达人，无论是李佳琦、辛巴还是薇娅，无论推荐的是居家用品还是美妆用品、美食。主播都是全程亲自试用、试吃，与粉丝频繁互动，主播的一举一动都是即时呈现，随时互动，对于粉丝来说，这也是最真实的。

在薇娅的直播间，因为促销的产品是冰激凌，直播间甚至直接把门店专用的中型冰激凌机搬到了直播现场，以便让薇娅吃给观众看，目的就是营造一种即时互动感。

互动在抖音直播中十分重要，作为运营人员要学会用多种形式与粉丝互动，让粉丝感受到被尊重和重视，让他们持续关注、主动分享和传播。常见的互动形式主要有以下5种，如图4-7所示。

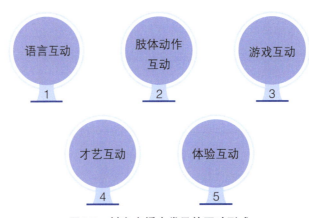

图4-7　抖音直播中常见的互动形式

（1）语言互动

语言是直播的最重要形式，因此对于主播来说一定要说，说得巧妙，说出情调。同时，要配合面部表情，注意语气轻重。如果刷屏太快，有些粉丝看不到说的话，主播也要兼顾到这些人，可重复原先的话语，或建议私聊。

（2）肢体动作互动

肢体语言是口语表达的良好补充，主播在聊天的同时，应适时的微笑、卖萌或打手势等，运用全身的肢体语言，让粉丝感受到你的积极和热情。

（3）游戏互动

和粉丝一起玩游戏也是很好的互动方式，尽管直播的内容与游戏无关。也可在直播过程中穿插一些小游戏，以调动气氛，或带粉丝玩，或让粉丝带你玩。总之，一定要互动起来，得到粉丝的认可。

（4）才艺互动

有才艺的主播可以表演自己熟练的才艺，没有才艺的可以用手势增加互动效果。如对于直播唱歌的主播来说。可以做一场看嘴型猜歌名、看歌词猜歌名、听前奏猜歌名等类似的竞猜互动。

（5）体验互动

体验是一种特定的互动形式，有趣的游戏会让受众的停留时间大大提高，黏度也非常高，很多粉丝为了奖品会多次玩游戏。这种类型因为门槛不高，适用的类目也很广泛，也是被广泛采用的一种方式。

京东商城中有很多商户为了吸引消费者关注自己的产品，在直播中特别注重体验互动，尤其是一些操作性较强的产品，如数码相机、VR眼镜等。

具体做法是先设计一个特定的情景，要精简、趣味性强、易上手，以便粉丝立马就可以参与进来，再加上体验的真实性和趣味性，通常很容易强化粉丝的黏性。这种互动方式限制条件较少，适合穿插在任何类型的网络直播中。

懂得与粉丝交流和互动，懂得如何带动气氛给粉丝带来欢乐，就更容易得到粉丝的青睐。无论运用什么方法，只要带动起粉丝互动与交流，让粉丝得到自己所需要的，粉丝同样会愿意付出，以礼相待。

第34招
提供增值服务
——让用户看视频后有"利"可图

"天下熙熙皆为利来,天下攘攘皆为利往",这是一个放之四海而皆准的真理。做营销工作的,更应该明确利益的重要性。做抖音营销也是同样的道理,要想留住粉丝,最稳健的办法就是一定要让粉丝获益,只有粉丝能从你这儿持续不断地得到想要的,才会对你恋恋不舍。那么,如何做才能让粉丝感到有利可图呢,可通过以下3个方式来实现,如图4-8所示。

图4-8 让粉丝有利可图的3种方式

(1)低价、优惠、免费

低价、优惠、免费历来是吸引消费者的有效手段,无论在过去的传统营销中,还是如今的网络营销中,屡试不爽。为了最大限度地迎合粉丝的利益,可时不时地在直播中进行低价、优惠、免费等活动。

(2)抽奖、奖励、激励

抽奖、奖励、激励的方法不是促使粉丝直接买东西,而是让他们间接为产品做推广、做宣传。通过鼓励粉丝转发，并在转发后给予一定的奖励来满足一部分人的利益需求。这种方法运用得好，可最大限度地挖掘粉丝的潜力，100个粉丝往往能创造1000个粉丝的购买力，甚至更多。

值得注意的是，这种方法对粉丝的质量要求较高，仅仅限于种子粉丝，或经常有购买行为的老用户。所以要避免滥用、乱用，否则很有可能赔本赚吆喝。

（3）提供某种服务

那些知名的、受大众欢迎的产品，不仅仅在于它质量有多好，还在于有全方位的服务。随着消费理念的转变，大部分消费者购买一个产品并不是只看重质量，更看重背后的服务。

服务已经成为产品强有力的支撑。因此，企业在直播时可着眼于服务，给粉丝提供产品之外的最有价值的服务。服务可以让企业与粉丝之间由陌生到认识，由认识再到感情升温，最后让粉丝产生信赖。当粉丝认可你所提供的服务时，自然会得到满足。

做好服务是满足粉丝利益之心最彻底、最根本的一种方法，如果促销活动、有奖激励等方法不只是着眼于粉丝的表面，那么这种方法是真正地深入到了粉丝的内心，是从量到质的根本性转变。

第 5 章 ▶ 视频制作篇：
内容的完美度决定着粉丝的留存率

抖音作为一个短视频平台，其内容就是靠视频立足的。因此，视频的制作绝对是做好抖音营销的重中之重，没有高质量的视频，所谓的抖音营销就是一句空话。视频的制作需要创作者有过硬的基本功，比如拍摄、剪辑、搭配特效音乐、设置封面等，都需要掌握必要的技能、技巧。

第35招 封面
——封面是门面,门面好点击率才高

抖音是一个注重视觉、听觉的平台,在点击某个账号首页时,只会看到往期视频的封面,而无法看到视频标题。所以,封面才是展示视频,吸引粉丝的第一要素。封面在整个视频中有着至关重要的作用,优质的封面既能提升视频的美感,又能帮助视频获得更多流量和播放量。

案例1

一个昵称为"会说话的刘二豆"的抖音账号,其视频封面非常有特色,采取的是统一元素风格,所有视频都是自家的宠物。让宠物参与到一家的日常生活中,然后给猫咪配音,以搞笑、卖萌的视频获得了观看者的认可。除了拥有良好的创意,更重要的是他还有一个好习惯,那就是为自己的每一个短视频都配上一个动态的猫咪封面,看起来非常有趣可爱,吸引了大量的抖友关注。

上述案例中封面的最大特色有两个,一个是以萌宠为主角,二是采取统一元素风格。萌宠本就普遍受年轻人关注,容易引起共鸣,而统一元素风格让人看得舒服,一看就知道必定是经过精心整理排版的。一张简单明了的封面,是低成本获取流量的捷径,如果做得更有特色,那么得到曝光的机会就会大大增加。

那么,如何选择视频封面呢?可以按照如图5-1所示的2个原则进行。

根据视频的内容而定
封面的选择必须与内容有关,不能以偏概全,更不能张冠李戴

有精准的关键信息提示
封面上要有精准的内容提示,能集中体现视频内容的核心和精髓

图5-1 抖音视频封面选择的2个原则

在遵守以上2个原则的同时，具体操作时还需要对素材进行选择，选择整个视频中最精彩、最关键的一帧作为封面。

（1）本人形象照

将本人形象设为封面是一种深度人格化运营策略，看似随意，其实很容易形成自己独特的风格，以塑造自身IP。如图5-2所示为某外语教学机构英语教师的抖音视频，就以个人照片作为封面。

这种封面多适合于一些高颜值的帅哥、美女，人都是视觉动物，直接用自身形象作为封面，视觉冲击比较大，这样的封面一目了然，很容易吸引别人驻足观看。再加上抖音用户年龄集中在24岁到35岁之间，这群人对高颜值特别钟爱。

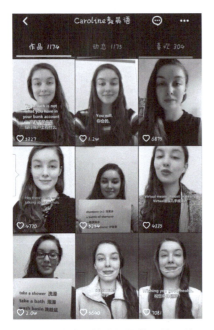

图5-2　某外语教学机构英语教师的抖音视频封面

（2）产品效果图

直接展示产品效果，比如有的美食类账号就用成品图，用诱人的食物刺激粉丝；美妆类账号，用后效果图让粉丝深入了解产品。这样有利于促使粉丝点开更多的视频，增加历史视频的播放量。

如图5-3所示，为"视频美食大全"的视频封面，全部是用成品美食作为封面。

（3）创意文字

创意文字封面是那些运营好的大号们最常见的做法。很多时候，文字更容易给人以深刻的印象，不仅能够让人们在最短的时间

图5-3　"视频美食大全"的视频封面

里获得知识，还有思想上的触动。抖音上有很多创意文字封面，看了不禁使人内心有很深的感触。

值得注意的是，在使用文字时不是简单地配字就可以了，还要注意效果，设计文字封面有很多方法和技巧，具体如下。

1）提取视频关键点，直接覆盖在视频上

抖音用户的注意力是有限的，他们通过很短的时间做出判断是否要继续看下去，不仅没耐心看你精心准备的大段文字，甚至还会增加他们的烦躁感，得不偿失。所以，在做封面的时候，要学会提取视频关键点，直接把文字加在视频最前面的几帧上。这样可以很直观地让粉丝区分每个视频的重点和不同。

如图5-4所示，为某育婴师的抖音视频封面，采用的就是提取关键内容的做法。

同时要注意字体、字数，字体要大，字数不要太多，如果在封面上放了太多的文字，也是很难吸引用户点击的。

2）贴片式

贴片式操作起来更灵活，也更能起到加深品牌影响力的作用，只需要设计好一个固定贴片模板，每次替换内容就好。

这种贴片式的封面不仅操作起来成本低，也会让粉丝在潜移默化中加深对视频的记忆和印象，比如媒体经济新闻财经频道官方抖音账号"N小黑财经"就是采用这样的封面，如图5-5所示。

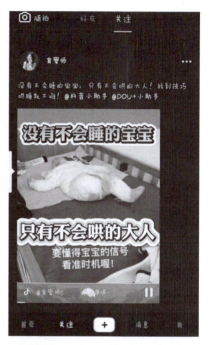

图5-4　某育婴师的抖音视频封面

图5-5　"N小黑财经"的抖音视频封面

3）遮罩式

遮罩式是用文字遮住一部分视频，很多影视娱乐类型账号常用这种方式。这样的好处在于，不仅可以直观展现和区分视频内容，也能通过剧照或者明星的照片，增加用户点击视频的概率。采用遮罩式的有淘宝，如图5-6所示。

图5-6　淘宝的抖音视频封面

第36招
文案
——优秀的文案为视频画龙点睛

抖音上有很多神文案，这些文案不但助推视频一夜爆红，也逐步成为抖音短视频的一大特色。很多经典文案爆火自抖音，如盘他、柠檬精、倔强性单身、猫型人格等，如图5-7所示。

第5章 | 视频制作篇：内容的完美度决定着粉丝的留存率

（a）倔强性单身　　　　（b）猫型人格

图5-7　抖音视频文案

再比如凭借一句文案就红遍半边天的答案奶茶。

💗 案例2

答案奶茶是一个会占卜的奶茶品牌，用户买到一杯奶茶之后，在奶茶杯的腰封上写上想要问的问题，然后心中默念五遍这个问题，拿到奶茶之后，揭开奶茶的盖子，就可以找到答案。

至于这个奶茶是如何占卜的？如何回答用户问题的？在这里不详细阐述。因为它很可能是店家提前做足了目标消费群的属性调查，然后利用机器生成答案，印在奶茶盖子上，至于具体的做法我们不详说了。我们主要研究的问题是答案奶茶为什么会凭借文案在抖音火起来。

在抖音上有这样一条视频，其文案只有一句话，这句话非常煽情但却也非常有吸引力。因为这句话本身就是一个问题，即"错过的人，如何挽回？"

当粉丝看到这个题目时，就会很想知道答案到底是什么？如何挽回？而粉丝更想知道的是这个视频中的奶茶能不能给出一个满意的答案。

在视频中，抖音主播在奶茶腰封上写下这个问题之后，慢慢揭开奶茶盖子，发现了三个字"算了吧"。随后伴随着伤感的背景音乐，所有观看这个视频的粉丝都会很有感触。

爆红视频一定得配上绝妙的文案。绝妙的文案，哪怕是一个词、一句话，也足以带火一个视频爆红，引发所有人的共鸣。

文案做得很好，视频内容就会加分，抖友看到了以后不仅会被这个短视频吸引，还会打开你账号中其他视频，把每个视频都看一遍。其实，这就是一种引流。抖音是一个用户量非常大的平台，每天活跃的用户成千上万甚至上亿。当一个好的文案能够吸引较大一部分人关注以后，就会被疯狂地模仿。在被疯狂模仿和传播的过程中，短视频播放量就会迅速增长，粉丝随着就会增加。

然而，做出一个优质的抖音文案越来越难，因为抖音已经运行了很长一段时间，经过这么长时间，内容开始出现了同质化，大量雷同的短视频出现。当抖友在刷短视频的时候，看到内容平平，根本就不会看完，直接就滑动到下一个。

那么，如何打造高质量的文案呢？这就需要掌握高超的技巧。

（1）即兴发挥

文案是一种创意，而创意往往就是头脑风暴后的结果，相反深思熟虑后很难产生好的东西。有很多经典文案都是创作者的即兴发挥。

案例3

"成都最街坊"曾采访过一位女生。采访者问："你觉得男人一个月多少工资可以养活你？"

她回答："养活我啊，嗯，我觉得，能带我吃饭就好。"

随后该视频发布在抖音上，迅速火起来，大量抖友转发，女主人公抖音账号"小甜甜"粉丝很快超过了500万。

其实，究其原因就是随意的一句话，这句话正好贴合了同龄人的心理，引起了情感共鸣，所以才能迅速引起众多抖友关注，并引发轰动。

（2）逆向思维

有很多话本身就是经典，被大多数人熟知，但如果采用逆向思维，换个角度去说，也容易被人关注。例如：抖音上出现过"被动话痨"这样的文案。

案例 4

被动话痨

你不理我

我也不理你

你一理我

我话比谁都多

你一段时间不理我

我就想是不是

话多招人烦

然后回归高冷

但是你一旦又理我

我马上又开始说个不停

"被动话痨"的灵感一定是来自话痨一词,话痨往往是主动说话,这里的"被动话痨"则更有新意。

同理,还有"七年未痒"和"七年之痒"、"假性佛系"和"佛系",这都是创作者采用了逆向思维。

需要注意的是,虽然采用的是逆向思维,但所表达的意思一定要是正面的,不能歪曲原先的意思。

(3) 针对不同类型视频采用不同创作方法

1) 互动类:多提问

互动类文案就是通过增强体验反馈、剧情参与、内容探索等方式激起观众互动的兴趣。在互动类视频中,可应用疑问句和反问句,且多留开放式问题。

如果短视频文案里面,能够提出很多问题,抖友在观看完视频以后,往往会在评论区对这些问题留下自己的答案与其他抖友进行交流。这样随着评论数越来越多,推荐的次数也会越来越多,自然就会吸引更多抖友前来观看和讨论。

2) 悬念类:表情、语气要夸张

很多创作者为了吸引更多的人观看,往往会想到拍摄一些比较有悬念的短视频，以此来吊抖友的胃口，从而引发抖友们的好奇心和探索欲望，进而获得更高的评论和播放量。

而悬念类的文案，需要注意的是表情和语气要尽可能夸张，让抖友产生浓厚兴趣，给予他们极强的震撼力。

3）搞笑类：字要精，要幽默

搞笑类的视频，在众多视频平台都非常火爆。这类短视频文案也比较难做，在做的过程中必须精细，不要求字多，同时多加入幽默的元素，效果会更好。抖友们在观看的时候，不但能够开怀大笑，更能积累一些幽默的技巧，把它使用在现实生活中。

4）段子类

段子类文案的魅力在于，往往只是生活中发生的小事而段子可以用文字写出来，带给读者一个个惊喜。这类文案可以与视频无关，但需要有较强的场景感。

文案的好坏决定了抖友是否会点开短视频观看，这是增加播放量最重要的方式。所以，抖友要学会做好文案，让自己的短视频内容充实、有看点。

第37招
音乐
——音乐是抖音视频的标配

抖音主打音乐视频，"抖"占了一半，另外一半就是"音"。抖音的内容为什么这么好看，可以说，音乐起到的作用至少占50%。给视频配上不一样的音乐，往

第5章 | 视频制作篇：内容的完美度决定着粉丝的留存率

往能达到更奇特的效果。有兴趣的，可以把手机调成静音，看30分钟的抖音视频感受一下。

抖音音乐对视频起了关键性的作用，所以音频或音乐的选择，对于上热门的影响也是非常巨大的。那么，该如何选择音乐呢？当然要注意一些基本原则、技巧和方法。

基本原则有两个，一是选择抖音上的热门音乐；二是结合视频内容，这一点可参考封面的选择原则，即时刻把握视频内容，根据内容选择最合适的。其实，第二点是重点，音乐风格与内容必须高度匹配。

案例 5

一位抖友发布了一个展示家乡雨后美景的视频，就像古代的山水画，画面感十足。然而，配的是一首西方音乐，曲调舒缓，尽管这首曲子是抖音上很火的一首，但由于与东方的景色不是特别搭，关注的人很少；而选用了"镜花水月"这样的东方音乐，旋律空灵，极其符合雨后雾气蒙蒙的画面，让人联想到"孤舟蓑笠翁""一蓑烟雨任平生"等诗句，美感异常强烈，此视频也因此火了起来。

因此，给视频配音乐的核心就是讲究匹配度，那么，如何寻找与视频高度匹配的音乐呢？具体有4种方法，如图5-8所示。

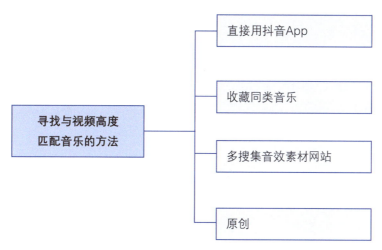

图5-8 寻找与视频高度匹配音乐的方法

（1）直接用抖音App

抖音本身就是一个强大的音乐库，就像有些抖友说的，抖音上有从来不会让你失望的音乐。打开抖音App，点击中间的"＋"，选择最上方的"选择音乐"，进入抖音App的音乐页面，往下拉就会发现有不少音乐，每一种音乐都进行了分类，然后根据视频内容筛选出最合适的。

（2）收藏同类音乐

当无意间刷到一条很火的视频，想要使用该视频里面的配乐时，可以收藏起来。直接点击抖音App左下角的"抖音音乐"标识，点击"收藏"；然后再进入"选择音乐"界面，点击"我的收藏"即可找到该音乐。

还可以通过该音乐的使用人数，判断该抖音音乐的热度。然后在拍视频的时候按照第一种方法，进入"我的收藏"选择该音乐开拍。

（3）多搜集音效素材网站

在网站上能找到很多音效素材网站，如爱给网、音效网，还有一些国外的音效素材网站，如audiojungle、soundsnap等。这些网站里面有音效库、配乐库、影视后期特效、游戏素材等等。基本都是免费可商用的素材。

有了这些音效，包括人声、枪声、雨声、说话、汽车、机械、恐怖、电话、飞机等。只有想不到的，没有找不到的。

（4）原创

原创难度较大，但非常有效，特别适用于想要原创音乐的用户，有条件的一定要做。在抖音用原创音乐拍视频，不但可以展现出视频独一无二的特点，上热门的概率比非原创音乐要高得多，因为只要机器判断你的音乐是原创音乐，给予的推荐量也会比其他多得多。在这点上"途家民宿"做得非常好。

案例6

"途家民宿"曾在抖音上发过一个原创音乐视频，并且还被推送到了首页。

视频中一个文艺女孩坐在一个安静的院子里（途家民宿的院子），然后翻看一本书，弹一把琴，执一束花。整个视频淡雅脱俗，文艺范儿十足。当然，关键是恰到好处的背景音乐,一个沙哑的女生轻轻淡淡地唱着:"往后余生,风雪是你,平淡是你,清贫也是你……"。粉丝听着这首歌,看着视频里的画面,仿佛自己走进了这个安静优雅的院子里,享受着平淡的生活,轻松又美好。

"途家民宿"采取创作原声的做法,创作出了属于自己的背景音乐,大大丰富了视频的内容。

第 38 招
特效
——让视频内容具有特殊效果

抖音视频之所以吸引人,除了高质量的内容,另外一个重要原因就是特效的使用。精彩的特效,可给观众带来绝佳的视觉体验。

案例 7

Airbnb有一个抖音视频,其文案是"初来乍到搞事情,全球民宿随心住,首次预订有礼金"。

很显然这是个营销视频,如果你不打开,可能会觉得这是个普通的推广视频。事实上,当你打开这个视频之后,就会看到众多特效效果。

打开之后先出现了一个Airbnb手机预订房屋的页面,这个页面上显示的是一个有10个房间的大别墅。随后,画面马上切换到另一个画面:两个年轻女孩,她们快步如飞,在这个偌大的复古别墅的楼梯上,似乎在寻找什么宝藏,看上去非常惊悚刺激。随后屏幕上又出现了一个房屋信息。

这个房子在法国,是一对搞艺术的夫妇的房子,只有一个房间,但是可以享受到美丽的巴黎风景。接下来镜头切换到了一位坐在阳台上喝着咖啡的女士，她对面就是复古又时尚的巴黎风景。再接下来是一个树屋，这个房子挂在一棵大树上，所有东西都需要用滑轮搬运到树屋上，这种体验非常独特，并且镜头表现了两个男孩用一根绳子尝试搬运行李到树屋上的过程。

当你还沉浸在树屋的体验中时，镜头中又出现了一个房屋页面，这是一座度假别墅，拥有超大豪华的天台游泳池，在这里可以观看最美日落，随后镜头快速跳到了彭于晏的镜头，他此时正在这所房子里吹着海风，欣赏着落日……最后镜头上出现了"Airbnb爱彼迎，预订全球特色民宿"的文字。

这个视频刚一上传，就获得了6万点赞，最大的优势在于它的剪辑和特效。

那么，这些让观众欲罢不能的特效，是怎么做出来的？是不是每个人都可以做出这样的特效呢？以及如何添加呢？

抖音视频特效的添加有两种方式，一种是利用抖音自身的特效功能添加，另一种是利用软件添加外部特效。

（1）利用抖音自身特效功能添加

抖音自身的特效功能主要有两个，分别为滤镜特效和时间特效，如图5-9所示。其中每个特效含有多个细分功能，比如滤镜特效里有下雪、水波纹、模糊分屏、黑白分屏等；时间特效里主要包括3个，分别为时光倒流、闪一下、慢动作。

（2）利用特效软件添加

抖音视频精彩的特效除一部分是抖音自带以外，很多都是使用外部视频软件做出来的。现在有很多特效软件，拥有强大的视频处理功能，大大丰富了视频的内容。下面介绍几个最常用的特效App。

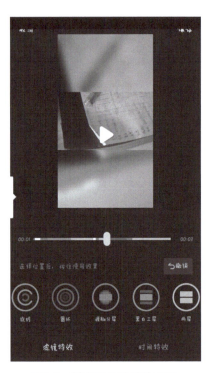

图5-9　抖音自身的特效功能

1）Bazaart

Bazaart是一款功能强大的视频编辑软件,这款软件不仅能提供最专业的图片剪切手法,更可以自动或手动删除任何照片的背景。抖音上面超火的"恶魔缠身"就是用这个特效软件完成的。该款软件的特色功能如表5-1所列。

表5-1 Bazaart的特色功能

功能	具体介绍
手势触摸	通过简单的触摸手势就可以选择照片、比例、旋转、位置、复制和翻转等操作
一键去背景	一键去掉照片背景,尤其适用于海边、山顶、天空等大场景
添加多个图层	可以添加最多100个图层,并且每个图层可独立编辑且所有改变都是可逆的

2）PicsArt

PicsArt是一款照片编辑软件,功能非常多,比如直接绘图、图片编辑、艺术摄影、照片拼贴等,抖音上曾很火的画婚纱、画头纱就是源自这里。该款软件的特色功能如表5-2所列。

表5-2 PicsArt的特色功能

功能	具体介绍
超大数据库	拥有3000多种修图功能和美颜特效,1000多万个免费素材图片,以及超过300万张贴纸
手绘照片	对一张照片进行手绘处理,线条可以自己画出来
滤镜贴纸	滤镜贴纸非常多,比如港式复古、美式涂鸦、杂志封面,以及女孩子最喜欢的梦幻电影质感、白色精灵

3）Inshot

Inshot这是一款视频编辑和幻灯片制作软件,用户通过软件自带的各种方便强大的功能可以轻松制作出自己想要的各种效果,同时还能一键分享到各社交平台上。该款软件的特色功能如表5-3所列。

表5-3　Inshot的特色功能

功能	具体介绍
转场特效	丰富的视频转场特效，过渡超级流畅和酷炫
多风格的潮流音乐	内置特性超过潮流音乐，各种风格全都免费
视频录音	添加视频录音，可做解说、旁白等
汇出和分享	将创作汇出为HD、Full HD、4K Ultra HD画质，并上传至社群网站或通信软件，与亲友分享

4）字说

字说是一款可以制作文字动画视频的App，在手机上即可制作出有动画效果的文字动画视频。抖音上很火的滚动字幕大多数是利用字说来完成的，还可以语音变视频，一键生成文字动画视频。

文字动画有字体效果和风格可以设置。字体、文字颜色、特殊文字颜色、视频背景等均可自定义，可以做出个性的文字动画视频。

第39招
拍摄
——好的镜头决定好的视频

短视频时代，手机的拍摄作用被进一步地放大。手机不仅能够拍出好照片，也能拍出有意境的视频效果，现在的手机有很多视频拍摄的功能，比如延时摄影、慢动作等，只要懂得一些视频拍摄与剪辑的技巧，仅仅用一台普通手机就能拍出更具创造性和视觉冲击力的视频大片。

为了帮助抖音运营者方便、快捷地制作出更加优质的抖音短视频内容,下面介绍短视频拍摄的5个技巧,如图5-10所示。

图5-10 短视频拍摄的5个技巧

(1) 善于运用分拍和合拍技巧

1) 分拍

抖音可以分段拍摄,也就是你可以拍一段视频暂停之后再拍下一段,最后拼在一起形成一个完整的视频。只要两个场景的过渡转场做得足够好,最后视频的效果就会很酷炫。

例如:在拍摄热门的"一秒换装"视频时,我们就可以借助"长按拍摄"来方便地进行分段拍摄。用户穿好一套衣服后,可以按住"按住拍"按钮拍摄几秒的视频,然后松开手,即可暂停拍摄。此时,用户可以再换另一套衣服,摆出跟刚才拍摄时一样的姿势,重复前面的"拍摄→暂停"步骤,直到换装完成即可。

2) 合拍

合拍是抖音App的一种有趣的新玩法,采用这种拍摄技法,抖音上出现了不少的爆款视频,比如"黑脸吃西瓜合拍""瞪眼猫合拍""西瓜妹合拍""记者拍摄合拍"等。

合拍的操作步骤，如图5-11所示。

第一步：找到想要合拍的视频，点击分享按钮

第二步：在弹出"分享到"菜单中，点击"合拍"按钮

第三步：然后用户可以添加道具、设置速度和美化效果等，点击"拍摄"按钮即可开始合拍

第四步：拍摄完成后，用户还可以对不满意的地方进行修改，再次设置特效、封面和滤镜效果等，点击"下一步"即可发布视频

图5-11 合拍的操作步骤

（2）调整拍摄速度的快慢

用户在拍摄过程中，不仅可以选择滤镜和美颜等，还可以自主调节拍摄速度。其中，快慢速度调整和分段拍摄是抖音最大的特点，利用好这两个功能就能拍出很多酷炫的短视频效果。

快慢速度调整就是调整音乐和视频的匹配。如果选择"快"或者"极快"拍摄的时候音乐就会放慢，相应的视频成品中的画面就会加快。反之，如果选择"慢"或者"极慢"，拍摄时的音乐就会加快，成品中的画面就会放慢。

快慢速度调整功能有助于创作者找准节奏，一方面，可以根据自己的节奏做对应的舞蹈和剪辑创作，会使拍摄过程更舒服；另一方面，不同的拍摄节奏，也会大大降低内容的同质化，即使是相似的内容，不同的节奏所展现出的效果也是截然不同的。

如果放慢了音乐，能更清楚地听出音乐的重音，也就更容易卡上节拍。这就降

低了用户使用的门槛，让一些没有经过专业训练的人也能轻松卡上节拍。如果加快了音乐，相应地放慢了你的动作，最后的成品也会有不一样的效果。配合前面所说的分段拍摄，控制好你的快慢节奏，也会出现不错的效果。

（3）调整拍摄光线的明暗

拍摄短视频时光线十分重要，好的光线布局可以有效提高画面质量。尤其是在拍摄人像时要多用柔光，会增强画面美感，要避免明显的暗影和曝光。如果光线不清晰，可以手动打光，灯光打在人物的脸上或用反光板调节。

同时，用户还可以用光线进行艺术创作，比如用逆光营造出缥缈、神秘的艺术氛围。

在光线不好的地方，尤其是晚上昏暗一些的时候，拍照时经常会遇到这样的情况，用带滤镜的App拍照，画面非常模糊，此时可以开启闪光灯功能拍摄。

此时除了手机自带的闪光灯外，可以使用专业的外置闪光灯。这种闪光灯一般都是采用LED光源，光线比较柔和，可以让画面更加清晰柔美，人物的皮肤也会更加白皙。

同时，还可以自由调节外置闪光灯的亮度，配合超宽的照明角度，可以实现360度旋转，满足不同的拍摄需求。

抖音上有很多带光圈效果的视频，这种设备其实并不需要补光灯这种大型设备，在网上能买到手机摄像头小型补光设备，有需求的可以买一个。

另外，在天气好的时候，可以尝试逆光拍摄，在拍摄界面可以对准高光区域进行测光，即可拍出艺术感十足的剪影大片。

（4）手动配置光和聚焦

在拍摄短视频的时候，拍摄的画面要有一定的变化，不要一直是同一个焦距，一个姿势拍摄全程，要通过推、拉、摇、移、跟这类运动镜头拍摄，横向运动的摇镜头可以使画面富有变化，突出故事情节。在人物拍摄时，要注意通过推镜头来进行远、全、中、近、特写镜头来实现画面的切换，这样才会使镜头富有变化，增添活力。

注意，并不是所有的智能手机都具备曝光和聚焦功能，但如果你的手机有，就一定要学会设置。尤其是对智能手机来说，AE（Automatic Exposure，自动曝光控制装置）锁定很重要，这会减少曝光，尤其是在进行围绕拍摄时，更要注意锁定AE。

至于手动控制对焦，在从远及近地靠近人物拍摄时，这个功能非常实用。不同的手机设置焦距的方法也不同，具体设置可以根据机型上网搜索。

（5）调整视频拍摄的分辨率

在使用其他相机应用拍摄视频时，一定要选对文件格式，将分辨率调到最高水平。一般建议设置成1080p、60fps；录制慢动作时选择1080p、120fps。

第 40 招
道具
——拍摄设备影响视频画面质量

想要用手机拍摄出媲美摄像机拍摄质量或媲美微电影视频呈现效果的视频，需要合适的硬件和过硬的拍摄技法，来提高视频的质量。

那么，普通的抖音运营者如何使用手机拍出优质的短视频呢？首先是硬件的选择，抖音运营者在使用手机进行拍摄时，可以根据自己的需要进行硬件的配置。虽然手机在拍摄设备的硬件质量上，很难达到摄像机的水平，但是我们可以通过选择合适的硬件设备，使手机的硬件条件接近摄像机。

（1）手机的选择

现在有很多品牌的手机具备强大的摄像和拍照功能，在选择合适的手机时，要注意两个要素，一个是像素，另一个是画质。只有两者都达到较高的水准，而且互相之间能够完美配比才能拍出高质量的视频。

像素的设置打开相机里的设置功能，找到分辨率或者清晰度、质量。不同的手机叫法不同。

分辨率有720P/1080P-30帧/1080P-60帧/4K等，最适合拍短视频的分辨率就是1080PFHD（60fps），如图5-12所示。

通常不选4K，虽然更高清但由于目前的手机还不能完全支持如此高清的分辨率，即使是用了4K的拍摄，在上传到抖音平台时也会被压缩而导致不清晰。

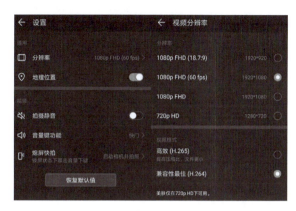

图5-12　手机相机里像素的设置界面

（2）外部辅助设备的选择

虽然有些手机的像素和画质非常好，但手机毕竟是手机，不是专业的摄像设备，它的光圈是固定的，变焦的能力也非常有限。

对于有些微距或广角的拍摄，效果通常不尽如人意。在这种情况下，我们可以选择使用专门用于手机拍摄的外部辅助设备——手机外置镜头。

常见的手机外置镜头有两种，一种是功能镜头，这种镜头并不能提高手机的像素和拍摄距离，但可以提供微距、广角、鱼眼等多种拍摄功能；还有一种是手机外置长焦镜头，这种就类似于相机的长焦镜头，可以让手机拍摄的距离变得更长、更远。

很多人可能认为手机拍视频要用到很多器材配件，其实并不是的，手机拍延时摄影、慢动作只用简单的三脚架或手机稳定器就够了，三脚架或手机稳定器如图5-13所示。

使用手机拍摄最大的问题就是稳定性差，三脚架或手机稳定器是一种轻便的固定设备，可增加手机拍摄时的稳定性。

图5-13　三脚架或手机稳定器

第41招
剪辑
——精心的剪辑让视频与众不同

玩朋友圈，只是随手拍、随手发。但玩抖音短视频，需要剪辑技巧，抖音上很多视频美轮美奂，视觉效果非常好，仅仅十几秒钟就能拍出大片的感觉。其实，这都是剪辑后的播放效果。

拍摄短视频没有一气呵成的，不是一个镜头完成的，所谓三分拍，七分剪。因此，做抖音营销务必在剪辑上多下功夫。在剪辑时通常使用专业工具，这些工具可以帮你多快好省地完成剪辑工作。接下来就推荐10款简单易学的视频剪辑软件，希望对运营者制作短视频有帮助。

（1）视频剪辑软件：快剪辑

快剪辑是一款被抖友运用最多的视频剪辑App，制作短视频简单便捷。其功能较丰富，有精美滤镜、视频多段拼接、变速（一键适配朋友圈10s、抖音15s）和同框等快速小工具，还拥有Vlog模板，模板包括电影大片、音乐相册、时下热门、主题等。

另外，支持自定义分辨率和码率，完全免费，里面还有非常多的教程，非常适合新手。

（2）视频剪辑软件：猫饼

猫饼是一款视频剪辑软件，其特色之处是它的字幕功能，它提供多种模板，分为经典、趣味、智能、标题4个分区，你可以选择时间、地点、天气或其他自定义模板，还可以输入文字，选择字体颜色及字体类型生成专属标题。

(3)视频剪辑软件：大片

大片App是一款集结多种高级模板的剪辑软件，其特效及转场十分炫酷，用户可根据视频内容对模板进行挑选，用上大片里的模板，视频一秒就能惊艳。这款软件内置很多优质模板可供选择，尤其适合视频的开头，用在开头十分抢眼。很多视频拍摄者利用这款软件制作有趣的开头。

(4)视频剪辑软件：一闪

一闪的黑场文字功能和滤镜常被用在抖音视频中，适合视频画面的突然过渡和切换，需要在视频与视频之间插入黑色背景图的情境。

这款视频剪辑软件有胶片滤镜，滤镜区包含模拟柯达、富士、爱克发、依尔福等20多款经典胶片滤镜，强度可自行调整，滤镜质量较高。

(5)视频剪辑软件：iMovie

iMovie也是一个适用于画面过渡、切换、转场的频剪辑软件，与一闪不同的是，其过渡十分流畅。同时，内置了多种过渡效果如主题、融合、滑入、抹涂、淡化等。

(6)视频剪辑软件：黄油相机

黄油相机软件的贴图功能强大，滤镜包含拍立得、电影感边框等，用户导入视频后，可添加趣味图案，使用复古贴纸，为视频制造出趣味效果。

(7)视频剪辑软件：OLDV

OLDV是一款具有20世纪80年代复古风格的剪辑类软件，内置迪斯科音乐，拍摄过程可手动添加激光效果，对画面进行缩放，使用这款App，一秒就能让拍摄的视频妙趣横生。

(8)视频剪辑软件：8mm相机

8mm相机支持用户实时录制8mm复古影片，内置多种复古滤镜，用户导入相应视频后可手动添加灰尘、划痕、复古色调、光影闪动、漏光及画面抖动效果。如果你喜欢老电影的怀旧效果，那么这款App是最佳选择。

（9）视频剪辑软件：Videoleap

Videoleap是一款有趣、强大的视频编辑软件，其功能比较丰富。导入视频即可合并剪辑、添加文本、蒙版、调整色调和过场动画艺术效果，独有绿屏功能，还可以加关键帧。

（10）视频剪辑软件：巧影

巧影这款软件的视频编辑功能齐全，可制作多重视频叠加、特色背景抠像、创造性混合视频。支持多层混音、曲线调音、一键变声等，其关键帧功能，可轻松实现动画效果，视频支持最高16倍变速。

第 6 章 ▶ 引流变现篇：
引流是抖音变现的保证，没有变现一切都为零

抖音是一个以娱乐为主的平台，但对于企业或产品团队来讲必须将其做成一个商业平台。因为企业或产品团队做抖音，目的只有一个，那就是把产品卖出去。作为运营人员在完成抖音账号基本设置与内容框架搭建后，就要开始想办法进行引流，这是促使抖音从娱乐向商业转变的重要步骤。

第42招
评论区引流
——评论区是个巨大的流量池

一个好的视频中必然会产生大量的评论，很多人在看视频的时候，也会习惯看一眼评论区。其实，评论区是一个非常好的引流区，抖音能够起到引流作用的位置非常少，目前仅限于头像、签名介绍等，而这是远远不够的。因此，评论区不应该被忽视。

在评论区做引流，方法看上去很简单，这个环节做好了，账号活跃度会有很大提升。但是很多人的评论都石沉大海，根本收不到效果。原因在于利用评论区来推广的方式有很多，其技巧也很多，方法不当效果就会很差。那么，接下来就来详细分析如何使用评论区。

（1）从运营的角度做评论

在评论区里，如何做才能让粉丝倾心，这是大多数运营人员十分关心的。解决这个问题需要一套完美的运营机制，那么，该如何来运营你的评论区呢？可以按照如图6-1所示的步骤进行。

图6-1　运营抖音评论区的步骤

第一步：利用聊天打造人设

通过评价区的互动，告诉粉丝，你是谁，你是做什么的；关注你，我可以得到什么。抖音引流爆粉也就是说，在产出内容的同时，形成自己鲜明的人设，并且让粉丝知道，关注你会产生某种价值。

第二步：解决用户痛点

抖音引流爆粉用主视频展示自己的专业性，引出痛点话题，引导粉丝留言提问。然后对用户的问题进行一一解答，强化自己的专业性。如果粉丝的每一个提问，都能得到你的认真回复，他们对你的信赖就会进一步增加。

第三步：引导粉丝深入沟通

引导粉丝深入沟通，其目的一是，与粉丝互动，顺带植入自己的其他作品。比如对于这个问题，我有某个视频讲得比较详细了，有兴趣的话，可以参见那个视频。二是，引导用户预期。比如对于这个问题，我会在明天做出相应的回答。三是，引流用户。比如对于这个问题，在抖音里不方便回答，可以看我资料，换个地方进一步沟通等。这些做法，都可以进一步引导粉丝深入沟通。

第四步：强化粉丝黏性

不要把自己当作权威，而是粉丝的好朋友，因此要用朋友的口吻与粉丝互动。比如有粉丝问："我们家宝宝爱咬人怎么办？"这时可以形成互动式回复，知道的话不要直接给出答案，而是逐步展开，先铺垫一下。比如先回复："您好，宝宝多大呢？"不知道的话，也不要直接拒绝。这样有利于增强与粉丝的情感，强化粉丝黏性，成为朋友。

这样一来，抖音引流爆粉又会让粉丝再次产生互动，如果原本只有10人次的评论，但是经过以朋友身份和粉丝互动，就会产生更多次评论，吸引更多人参与进来。

（2）昵称和头像要体现专业度

评论中引流还需要注意头像和昵称，要尽量专业，照顾到粉丝的视觉感受。有些抖音号的昵称太通俗，甚至低俗，难以说服粉丝点击。纵观那些抖音大号就特别注意自己的昵称和头像，会根据自己发布的视频内容来选择专业的头像和昵称。好的头像有下列几个特征。

1）能体现出抖音内容或者评论

抖音昵称和头像一定要与发布的短视频内容以及评论有关联性，否则驴唇不对马嘴，粉丝很难主动点击。

2）头像颜色显眼

很多抖音号的头像颜色非常刺眼，或者十分暗淡，两者都不能很好地吸引粉丝关注。我们必须要照顾到粉丝的视觉感受。在众多抖音评论区，绿色和红色会让粉丝看上去比较舒服。

从心理色彩学的角度看，绿、红颜色都呈现出了它独特的优势。绿色是公认的最科学化的颜色，可以给人带去温和的视觉感观，而红色可以很好地衬托出评论区的黑色。

3）直接使用文字或者标识

很多抖音主播非常聪明，直接把名字和标识放在了头像上。这样很引人注目，但是也要注意。比如文字不能过大，也不能过小，字数不能过多，字体最好是宋体或者黑体，最好不要五颜六色。如果使用标识要让整个标识都包含在头像内，不能过大，显得头像设计太拥挤。

（3）注意话术，避免硬广告

评论是通过话术来表现的，话术一旦运用得不当就不会引来关注。因此，评论要注意话术，即学会有效的评论话术，避免硬广告。粉丝都很讨厌广告，甚至只要看到就会拉黑，因此，我们在评论区进行引流时，话术一定要"软"。

评论区只要得到充分利用，不但能增加粉丝黏性，更能挖掘到更多的话题和内容，并给以后的内容输出带来灵感。在持续的评论互动中，吸引粉丝也水到渠成，因此，评论区是一个引流的好地方。

第6章 | **引流变现篇：** 引流是抖音变现的保证，没有变现一切都为零

第 43 招
音乐平台引流
——抖音热门音乐榜单有玄机

抖音推出热搜以后，参与的抖友越来越多，产生的流量也越来越大。热搜瞬间就成了一个很好的吸粉地，许多抖音运营新手就是通过热门歌曲平台吸粉。

通过热门歌曲平台吸粉首先需要找到热门平台，抖音App中有个"DOU听音乐榜"，如图6-2所示，这个榜单上有个音乐热度排行，1周更新1次，被运用最多的音乐排在最前面，依次递减。

那么，我们如何通过这个榜单吸粉呢？

具体做法是：点开音乐榜单上排名靠前的音乐，里面会显示曾用过该音乐的热搜视频，观看并评论热搜视频就可以了。

抖音官方花了大量的时间和精力，整理和制作了这个热门榜单。目的就是吸引抖友的关注，并能够为广大抖友提供一个交流平台，同时，也将好的流行音乐传递给每一位抖友。因此，在这里面我们不仅可以欣赏热门歌曲，还能通过评论和众多抖友进行交流。

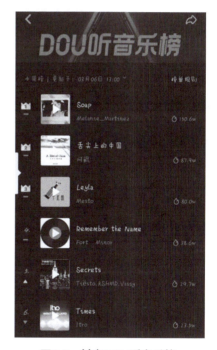

图6-2 抖音DOU听音乐榜

因此，我们重点可以在热门音乐平台上留言，通过参与留言讨论为自己增加曝光度。当然，在具体操作时还要注意如图6-3所示的3个技巧。

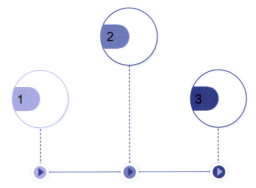

图6-3　在热门音乐榜单留言的技巧

（1）在最靠前的评论里参与讨论

在任何一个平台，评论的点赞数越多，回复越多，评论排的位置也就越靠前。而那排得比较靠后的评论，无论是热度还是参与度都很低，很多抖友也不会去看。

所以，想要在热门音乐平台上推广自己的抖音号，只需要看排名前5或前10的评论，然后，对其回复或评论。这就容易让更多的人看到，并且参与进来。

（2）在评论后@自己的抖音号

很多人在翻看评论的时候，对于那些讨论比较激烈的评论，往往会仔细观看。当发现点评得非常有道理时，就可能进行回复。我们就可以利用这一点，在评论的时候@一下自己的抖音号。当别人需要点击回复的时候，很容易会点击到抖音号，先进去看看，这样就增加了成为粉丝的概率。

（3）多参与有争议评论回复

每个人都希望自己的意见被别人接受，当众多抖友在一个热门音乐短视频下方评论的时候，往往会产生一些新颖的、具有争议的评论。而这种评论确实是大多数抖友关注的，希望参与有争议的话题。这时想要通过评论来推广抖音号，就可以积极参与进去，说出自己的想法。在讨论过程中，就会有很多抖友跟我们互动，从而成为我们的粉丝。

第44招 活动引流
——积极发起一场抖音挑战赛

抖音挑战赛是抖音官方于2017年7月开通的一项功能，为企业或品牌方提供新型的、独特的宣传、推广模式，助力企业或品牌完成节点大促、新品上市、产品推广、品牌造势、IP引爆等多重营销目标，已逐步成为众企业或品牌抖音营销的标配产品。

挑战赛具有巨大的商业价值，几乎覆盖抖音全流量入口，支持多种创新玩法，并通过定制化互动技术开发以及明星、KOL（关键意见领袖）众创引导，以激发UGC（用户生成内容）全体狂欢。

挑战赛可以是一首歌或者短视频，然后引导抖友参与，通过更多人的参与使企业和品牌得到更广泛的传播。那么，对企业或品牌方来讲，如何发起一场成功的挑战赛呢？需要做好以下5个要点的工作，如图6-4所示。

图6-4 发起抖音挑战赛的5个要点

（1）取一个有吸引力的名字

在发起挑战赛时，必须重视挑战赛的名字。一个好的名字能给人以好的第一印象，吸引抖友参与。所取的名字要有足够的新意，有新意才有吸引力，例如：OPPO手机推出的抖音挑战赛名字是"假如我有两千万"，这个标题就非常具有吸引力，第一眼就吸引了大部分粉丝的注意力。

接下来要注意的是，标题中不能含有与营销有关的字词，避免出现硬性推销。否则，就会大大降低挑战赛的趣味性，当抖友还没参与就知道这是以营销为目的的，那么自然就不愿意参与进去。

（2）参与门槛要低且容易模仿

发起挑战赛的根本目的就是为了吸引更多人的关注和参与。所以要尽可能降低参与的难度，且容易被模仿。

案例1

某电商就曾经发起过这样一场挑战赛，名字是"无聊，来蹦迪"。这场挑战赛最终参与互动的抖友不到3万人。显然，这一场挑战是失败的，归根结底原因在于要求太高。对于大多数普通抖友，没有时间和精力去拍这样的视频，甚至好多人根本就不去这种地方。因此，参与的人数肯定少。

相反，那些非常有创意、拍摄要求低和容易模仿的抖音挑战赛，就能吸引众多的抖友参与创作，比如手指舞、创意贴纸、表情包展示等。

（3）设置不同级别的奖品

奖励永远是激发人们参与和拼搏的动力来源，没有奖励，人们的激情就会减半。

案例2

寺库中国是全球最大奢侈品交流平台之一，曾发起一次抖音挑战赛。在发起以前就做了充足的准备，并下决定给参与此次挑战的前3名送路易威登包，前20名都能获得施华洛世奇饰品。

当抖友们看到如此丰厚的奖品以后，激情瞬间被燃爆。抖友们纷纷参与其中，此次抖音挑战赛瞬间获得了巨大的成功，也因此成了成功的经典案例。

需要说明的是，并不一定非得用特别贵或者奢侈的奖品，可以设置不同级别的奖品。非常贵的奖品占10%，其他奖品可以是创意品、用心制作的奖品或纪念品等。要让奖品足够吸引人，从而使更多的抖友参与进去。

（4）邀请一些网红参与

大多数年轻人都有追星的喜好。很多人对网红都非常崇拜，并希望通过模仿或者学习他们使自己也迅速成为网红。因此，企业在发起挑战赛的时候，要充分利用抖友们这一心理因素。邀请一些网红，不仅可以成功吸引众多抖友，而且可以吸引网红自带的粉丝。

（5）发起超级挑战赛

基于挑战赛所需预算和配套资源、互动技术、玩法及影响范围的不同，挑战赛被细分成了超级挑战赛、品牌挑战赛和区域挑战赛3种。不同级别的挑战赛引流能力是不同的，以2018年11月某品牌蓝V发起的挑战赛前7日的平均数据为例，7日播放量如图6-5所示。

图6-5　某品牌蓝V挑战赛视频7日播放量

超级挑战赛配置资源最全面，且支持多种创新玩法，比如红包大战、超级对战等，也支持AI彩妆、AR幻动等互动技术。因此，有条件的企业或品牌，最好发起超级挑战赛。当然，不同类型的挑战赛各有特色，也不必厚此薄彼，认为其他两类挑战赛没用。相反，可根据自己的资源、技术优势学会灵活运用，因此，无论举办哪个类型的挑战赛，关键是要充分发挥其优势。

品牌挑战赛在流量和玩法上虽不及超级挑战赛的丰富化和个性化，但仍拥有丰富的可选营销资源。

区域挑战赛推出得最晚，于2018年9月份推出，致力于为区域品牌提供本地化的营销阵地。因为聚合了本地流量且拥有POI（信息点）的加持，又拥有一定的价格优势，因此在场次上一直保持激增状态。

第45招
社交平台引流
——"两微一Q"，一个不可少

抖音作为社交媒体营销的重要组成部分，从来都不是独立存在的。大多数时候需要其他媒体的配合，如微博、朋友圈、QQ等，通过多渠道的扩散来吸引更多目标用户的关注，打造了一次次成功的传播行为。

微博、微信、QQ合成"两微一Q"，是目前最受欢迎、运用最多的两个平台，尤其在"80后""90后"这两个群体中，普及度更高。由于具有操作简单、便捷，传播范围广、互动性强、面向用户群广等优势，如今已经被广泛运用于各个行业、各个领域。

(1) 微博

微博在曝光度方面有巨大的爆发力,实时性、现场感及普及率也可超过大部分媒体。如社会上的一些突发事件、重大事件,经微博的曝光,很快就会被很多人熟知。因此,推广时若能充分利用微博则可最大限度得到传播。

如图6-6所示为"大理文旅"抖音账号在新浪微博上的推广信息,微博粉丝可在微博上直接观看、评论视频内容。

图6-6 "大理文旅"抖音账号在新浪微博上的推广信息

微博的运用主要有两种方式,一种是建立官方微博,另一种是微博自媒体(个人微博)。在具体运用上可根据实际情况二选一,也可两者同时进行。

1)建立官方微博

建立官方微博是企业对微博的最基本运用,也是利用好微博这个平台的关键。建立官方微博有很多必要性,这是企业对外宣传和展示的窗口,同企业的官方网站一样，通过官微可以展示企业的背景、文化，也可以传播企业的品牌故事、活动、新闻等。与官方网站相比，微博是个相对比较开放的平台，更有利于信息的扩散和传播。

2）微博自媒体

微博自媒体即个人开通的微博，微博是重要的是自媒体平台之一，90%的微博账号都是自媒体人。当微博以自媒体的角色出现时，营销和推广效果往往更好。因为微博自媒体与官微的运营思路大不相同，前者内容丰富、表现方式灵活，具有个性，更容易吸引有不同需求的粉丝。

（2）微信

微信在具体应用上也有两种方式，一个是个人微信，另一个是公众号平台。前者主要是利用微信群、朋友圈等功能，后者则是利用微信公众平台进行更深度、更持久的推广。

1）个人微信

微信是腾讯公司于2011年1月21日推出的一个为智能终端提供即时通信服务的应用程序，支持跨通信运营商、跨操作系统平台，通过网络快速发送语音短信、视频、图片和文字。同时，用户也可以通过内置的多个功能，展开多途径推广。

需要提醒的是，在个人微信推广上要重视朋友圈推广。一是因为聚众性更强，另一个是操作方便，很多直播平台直接与微信朋友圈相连，可直接将直播内容分享在朋友圈中。

在朋友圈推广避免直接分享，或转发，也就是通常所说的流水账，单方面地发布消息。朋友圈不是广告发布器，其核心是通过语言、文字、事件，形成一个良好话题，与好友互动，且内容要情感化，让对方愿意看，要有价值，让对方看了之后有所收获。

2）微信公众号

微信公众号是开发者或商家在微信公众平台上申请的应用账号。每个公众号对应一个平台——微信公众平台。微信公众平台是一个自媒体平台，它是微信系统的重要组成部分，通过这一平台，个人、企业、社会组织都可以打造自己的微信公众平台。

微信公众号有三大类型，分别为订阅号、服务号和企业微信（原企业号）。它们共同构成了微信公众号体系，三者分工明确，侧重点不同，可形成一个相辅相成的运营体系，如图6-7所示。

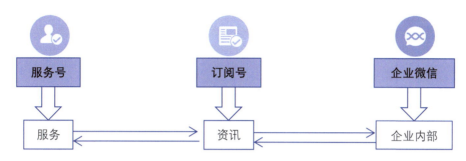

图6-7　三大类型微信公众号关系图

当然，我们在推广直播时，重点是用订阅号或服务号，在上面发布相关文章介绍，或直接将其设置为自定义菜单。

（3）QQ

国内用户最多的IM（即时通信软件）之一，注册用户已经超过10亿，在线活跃用户突破2亿。可以说，已经成为网民的必备工具之一。从推广的角度来说，这个用户覆盖率如此之大、用户如此集中的平台，其潜在的目标人群必然也是最多的。

QQ推广常用的方式有3项，具体如下。

1）利用聊天功能

最传统的推广方式就是利用QQ聊天功能来进行推广。但聊天推广要注意技巧和原则，少而精，避免早晨不必要的骚扰。如制作专门的图片进行推广，要兼具趣味性和实用性，适合对方保存。现在人们都喜欢图文并茂的传播方式，这样能够让人们在交流的同时，无意间也注意到了你的广告信息。再如发布带有链接的直播，好友可直接观看直播内容，同时也可将目标QQ好友引流到直播平台。

2）利用QQ签名

在QQ签名中成功植入直播关键词，QQ签名是可以随时更换的。利用QQ签名，推广的主动权就把握在自己手中，我们可以把签名换成自己想要推广的信息，不仅不受限制，也能起到很好的推广效果。

3）利用QQ空间

QQ空间是QQ中唯一的具有分享性的社区，也是打造QQ内容营销最不可忽视的一部分。因此，要打造全面的QQ推广需要重视利用QQ空间。

这里重点讲一下QQ空间的布局。

首先是模块的选择，建议在空间首页根据推广需要添加图文模板，方法很简单，点击右上角"装扮空间"选"增删模块"再选"新建模块"。可选的模板有4种，分别是图文模块、大图模块、Flash模块、视频模块，我们一般选Flash模块、视频模块。因为这两个模块可以更好地展示直播，我们可以把直播视频直接上传，也可以做简单的处理然后再进行二次展示。

其次，"高级设置"里可以设置各个模块的比例，这个没什么硬性要求，完全根据个人意愿而定。这里还有"饰品商城"，也是根据个人意愿选些饰品来装饰，目的是使空间看起来漂亮。

最后，在页面里通过拖动鼠标调整各个模块的位置，将页面布置整齐，最后保存即可。除了这些还要给空间加一首好听的背景音乐，这样才能吸引人在空间多停留。

第46招
社群引流
——社群粉丝更精准，利用不同的社群

社群是互联网、移动互联网时代的产物，网络时代的一切经济学现象，大都与社群有关。社群的力量推动着企业变革和品牌再造，企业和品牌社群化正在成为一

个热潮。对于运营人员来讲，找准社群就相当于找到了组织，而组织中的每个成员都有可能成为你的粉丝。

做抖音营销非常适合在社群中做，因为在抖音上发布视频最初都是机器在推荐，换句话说，新号发布视频十分有优势，只要关注量、点赞数、评论数等基本数据达标，被推荐的可能性非常大。而利用社群是保证基本数据快速增长的主要方式，发布视频后，将视频链接发布到群里，并采取积极的措施鼓励群友点赞，评论，或转发助推。

社群助推所带来的粉丝增长，前期效果十分显著，有条件一定要做。

一个好的社群聚集着一大批有同类需求的人，同时也有很多是拥有众多粉丝的抖音网红。只要"俘获"一部分人，粉丝数量将会爆发式倍增。然而，社群的质量参差不齐，一旦加入一个质量不高的群，效果则不会太理想。那么，运营人员应该找什么样的群呢？至少具备以下4个特点，如图6-8所示。

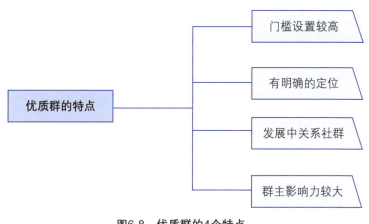

图6-8 优质群的4个特点

（1）门槛设置较高

一般来说，社群的质量越高，群主设置的进入门槛也就会越高。这是因为，质量越高，进入的人就会获得更多，利益和成本是成正比的。所以，一定要知道这一点，在选择加入一个社群时，要先看一下这个社群设置的门槛高不高。如果这个社群设置的门槛很低，或者基本上没有门槛，那么这个社群十有八九不是一个好的社群，不要盲目加入。

（2）有明确的定位

只有有明确定位，群友的需求才有可能尽量一致，也是保证大多数群友喜欢你的基础。比如加入一个知识类的社群，就要比加入搞笑类社群好很多，因为知识类社群很容易形成自己的明确定位，一定是在传播某种特定的知识；而搞笑类的社群很难进行定位，具体到什么是搞笑，仁者见仁智者见智。那么这两类群里群友的需求显然不一样，前者会很集中，后者则比较分散。

因此，在进入社群前，也一定要确定自己视频的定位是什么，与群的定位是否高度匹配。只有高度匹配，加入社群以后，才能跟社群中的成员有交流的话题。

（3）发展中关系社群

社群代表着一种社会关系，一旦加入某个社群，就意味着会与里面的群友发生这样或那样的关系。但不是所有的关系都适合做推销，这就需要在加入某个群之前，明确自己与群友可能发生哪个层次的关系。

社群关系一般来讲可以分为3个层次，分别为强、中、弱，如图6-9所示。而做抖音营销建议集中在"中关系"上，将中关系社群视为重点发展对象。

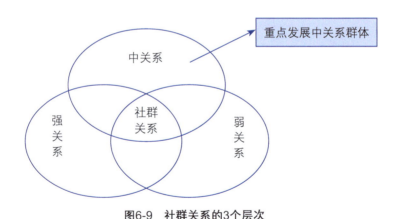

图6-9　社群关系的3个层次

强关系指的是个人的社会网络同质性较强，人与人的关系紧密，有很强的情感因素维系着人际关系，比如亲戚、朋友、同学、同事等。

弱关系的特点是个人的社会网络异质性较强，人与人关系并不紧密，也没有太多的感情维系，也就是我们所谓的泛泛之交。

中关系是介于强关系、弱关系之间那层人与人之间的关系，不需要太强的情感维系，又不能完全没有。这层关系是人际交往中的主体，绝大部分的关系都停留在这个层面。

（4）群主影响力较大

俗话说："火车跑得快，全靠车头带。"一个社群的质量很大因素取决于群主。群主如果是一个影响力非常大，并且能力非常强的人，那么即使现在社群的人数不多，以后的人数也会越来越多。

因此，在加入社群之前，了解群主就变得非常重要。在加入之前，可以先考察搜索一下群主的信息，了解一下群主的背景，在对群主足够了解的情况之下，自己就能决定是否入群了。

有社交的地方就有人群，有人群的地方就有市场，社群有着强大的凝聚力，而且这种凝聚力越强大，社群就会像滚雪球一样，越滚越大。

第 47 招
软文引流
——在文章中植入关键字，编写推广文案

软文，是相对于硬性广告而言的，与硬广告相比，软文之所以叫作软文，精妙之处就在于一个"软"字，它将宣传内容和文章内容完美结合在一起，让用户在阅读文章的时候能够了解策划人所要宣传的东西，一篇好的软文是双向的，既让客户得到了他需要的内容，也了解了宣传的内容。

利用软文推广抖音，就是在文章中植入与抖音有关的关键字，将其与文章内容完美结合，以使读者在阅读文章内容时间接了解直播信息。

软文是营销中最主要的一种方式。软文，最早在报纸、杂志或网络等载体上刊登，随着微信、微商的兴起，一种新的软文形式——微信软文应运而生。现在无论在朋友圈，还是在公众号，都可以看到各式各样的软文。企业通过软文来宣传产品、提供服务、吸引粉丝；消费者通过软文了解企业动态、产品信息，参加购买活动，双方形成了一个完美的营销链条。

在软文中植入信息有很多种技巧，可以在标题中植入，也可以在正文中、结尾处植入，可直接植入也可间接植入，可以文字植入也可以图片植入。任何一种植入技巧其效果是不一样的，植入技巧是否得当，直接决定着直播的推广力度。那么，如何在软文中植入直播信息，通常有以下3种方式，如图6-10所示。

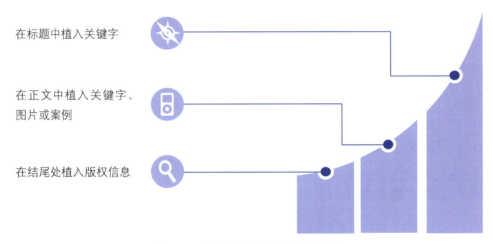

图6-10　在软文植入直播信息的方式

（1）在标题中植入关键字

即在软文标题中直接植入。这种植入方式尽管没有太多地融入要推广的信息，但是由于出现在标题中，能够第一时间引起读者的注意，能最大限度地起到强化、强调的作用。同时也容易被用户搜索，比较精准地吸引目标用户。

（2）在正文中植入关键字、图片或案例

在正文中植入是最常用的一种方式，也是效果最好，最容易被读者接受的一种方式。但难度相对较大，需要根据正文内容的语境、结构，以及行文的要求量身打造。一旦处理不好，将严重影响软文的传播效果。

1）植入关键字

在正文中植入与直播有关的字、词、句，很多传统的软文都有这种情况，比如"××直播赞助了多少钱""××直播平台CEO ××称……""某网站统计数据的显示：××直播……"。

这种是一种最简单、直接的植入方式，且效果往往很好，由于很容易融入正文中，因此不会引起读者的强烈反感。不过，需要注意的是植入的案例一定要过渡自然，注意上下文的衔接，同时符合软文的语境，不影响可读性。

2）植入图片

将抖音账号名称、标识或者视频以图片的形式植入到软文中。

3）植入案例

将待植入的抖音账号创建者、视频故事等总结成案例，植入到软文中。

（3）在结尾处植入版权信息

将版权信息添加在软文的结尾部分，比如本视频为×××原创，如需转载请注明出处。

抖音短视频**涨粉66招**

第48招
数据引流
——抖音视频中5组关键数据

数据分析是抖音营销中经常需要做的工作，科学有效的数据分析不但能发现运营工作中的问题，让视频更完善，更符合粉丝需求，而且还可以实现粉丝引流。那么，短视频运营中哪些数据能起到引流的作用呢？

通过对抖音平台提供的数据指标进行梳理、汇总，我们整理了5个重要指标，如图6-11所示，接下来将进行具体介绍。

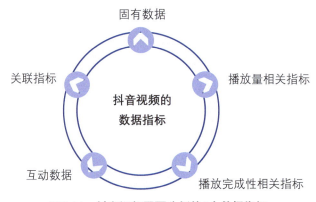

图6-11　抖音视频需要分析的5个数据指标

（1）固有数据

固有数据，是指在视频制作、发布过程中产生的、外力不改变的固定属性类属性。比如发布时间、发布渠道、视频时长等，这些都是固定的，无法改变。

视频固有数据对粉丝的引流作用非常大，比如发布时间，直接决定着视频的打开率和观看量，只有在适合的时间发布，才能最大限度地赢得粉丝的关注；再比如

第6章 | **引流变现篇：** 引流是抖音变现的保证，没有变现一切都为零

发布渠道，视频拍摄完成后势必要发布到各个渠道，由于各渠道的宣传力度、曝光度不同，引流能力也大不相同，不同渠道对粉丝的引流有着重要的影响。

（2）播放量相关指标

播放量是抖音视频数据中非常重要的数据，播放量相关指标通常有2个，如图6-12所示。

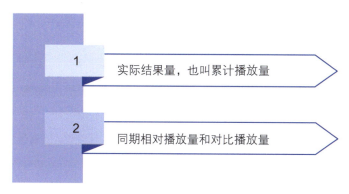

图6-12　抖音视频播放量相关指标

那么，分析这两组数据有什么意义呢？我们可以用一个案例进行分析。

案例3

某视频于2020年2月10日在抖音上发布，同时在头条、美拍、搜狐等多个平台发布。次日查看后台数据，显示累计播放量为25万。

先来看第一个指标：累计播放量

25万累计播放量中抖音累计播放量是11万，那么这11万只是一个结果量。要了解造成这种结果的原因，需要进一步关注该视频在不同时间段的表现。

对不同时段的分析又包括两个方面。一个是该视频的分日播放量统计，另一个是该视频在播放量最高日的分小时播放量统计。

根据后台数据可以看出该视频是在2020年2月10日发布的，真正的播放量统计是从2月11日开始，而2月11日有3个高峰播放期。

从这组数据中可以总结得出视频发布在时间上的不同日期、不同时间段的规律，以便日后更好地精准发布，提高引流效率。

接下来，我们看第二个指标：同期相对播放量和对比播放量。

1）同期相对播放量

同期相对播放量是对比同期视频的播放量情况。数据显示这个视频自发布以来，全网累计25万的播放量中，主要渠道除了抖音的11万外，还有搜狐、头条、美拍，其播放量都超过3万。

2）同期对比播放量

同期对比播放量是比较相近题材视频播放量情况。数据显示搜狐、头条、美拍基本保持一个正常的播放水平，其他平台的播放量总体偏低。所以，在日后的运营中需要针对其他几个重点去做，看下用户的实际反馈情况，找出播放量低的原因。

这样通过精细化的运营，运营人员可以更全面地对视频的播放效果进行评估，总结内容在不同渠道的流量规律、找到同期播放差异渠道，从而进一步对视频内容进行优化。

（3）播放完成性相关指标

播放完成性是衡量粉丝是否完整地观看了视频的指标。该指标是个类指标，由多个指标构成，包括播完量、播完率、平均播放进度等。这些指标从不同维度表达粉丝在看视频的时候，是否会完整地看完，或者哪一个环节影响了观众而没有继续观看。

播放完整性数据对于视频内容的制作者来说是重要的，通过对这些平台的数据研究，对本期明显集中的跳出点进行总结，目标就是让下期节目尽量避免一样的问题，保证观众完整地看完我们的视频。

另外，越来越多的平台开始提供详细到每一个视频在相应平台的播放情况。比如说企鹅媒体平台、头条号后台、搜狐视频，还有大鱼号的土豆、优酷视频，继承了之前优酷比较完整的视频周期数据，都有利于我们对内容的分析及优化。

（4）互动数据

视频播放后，运营者需要与粉丝进一步互动，这时互动数据就产生了。所谓互动数据，理解起来比较容易，包括我们多次提到的评论、转发、点赞、收藏。这些数据对于推荐平台十分重要，平台会结合互动情况综合评估我们的视频，决定是否为我们带来更多的推荐量。这点在之前章节中我们多次讲过，这里不再赘述，这里重点强调一下"互动"这个概念。

大部分运营对互动理解比较偏颇，认为我发出了视频，粉丝产生了上述提到的那些行为，就是与我们产生了互动。其实这个时候观众只是产生了一个动作，看也好、评论也好，只是一个动作，互动尚未形成。只有我们与他们进一步沟通，比如互相评论或者引发用户彼此之间有交流，这才能叫作"互动"。一个巴掌拍不响，互动是要至少两方甚至多方都产生了动作，才能叫作互动。

我们可以特别关注一下抖音的"评论管理"，在普通评论回复功能基础上，可以对评论进行精选。同时还可以看到，哪些评论是已经关注我们的粉丝来进行评论的。

这样，对于高质量的评论我们可以标记为精选置顶，引导更多的观众来和你进行互动。对于经常跟我们互动的粉丝，应该重点跟进他们的评论，也可以进一步私信同他们聊天沟通。

（5）关联指标

关联指标，是指由两个数据相互作用的结果反馈，其中比较重要的指标有播荐率、评论率、转发率、收藏率、加粉率。具体计算方法和意义如表6-1所列。

表6-1 重要指标的算法和意义

指标	算法	意义
播荐率	$播荐率 = \dfrac{播放量}{推荐量} \times 100\%$	播荐率越高的视频，说明推荐后被观众打开的概率更高，一般可以表明这个视频的标题、配置的图片、相关的描述比较吸引人
评论率	$评论率 = \dfrac{评论量}{播放量} \times 100\%$	评论率越高的视频，说明这个视频让观众有强烈的表达意愿，若内容的槽点被触发，会引发观众的讨论
转发率	$转发率 = \dfrac{转发量}{播放量} \times 100\%$	转发率越高的视频，说明观众更愿意通过视频表达个人的观点或态度，或作推荐，有较强的传播性

续表

指标	算法	意义
收藏率	收藏率 = $\dfrac{收藏量}{播放量} \times 100\%$	收藏率越高的视频，代表内容本身对于观看者有用，收藏后可能会再次观看。如果收藏率高，但转发率很低，可能涉及对用户隐私的考虑，其传播有一定局限性
加粉率	加粉率 = $\dfrac{粉丝量}{播放量} \times 100\%$	加粉率这个指标没有一个平台提供直接的数据，但细心的朋友可以发现，目前头条支持是唯一一个单视频维度，可用作涨粉量统计的渠道

这组数据对引流非常有帮助，因为之前粉丝加粉都是直接记录在IP本身上的，并不知道来源是哪个视频。而实际的加粉过程是观众观看了我们的视频，希望后续还能看到更多类似的视频，会对IP本身进行关注，成为IP的粉丝。

第49招
"抖音+"组合引流
——通过抖音之外的平台盈利

大多数抖音号无法在抖音上直接变现，但却可以换个思路去做，在抖音之外的平台实现这个目标。比如有些垂直行业的抖音号通过在视频中植入自己的微信号，为微商引流，或推出相应的周边。再或者为其他App、平台账号加粉，从而获得红利。

下面通过一个实例来看一下，如何做到引流变现。

案例4

在抖音上有一个叫"表情兔"的抖音号，当时仅仅两天的时间就通过抖音给公众号引流涨粉130万。

该公众号运营者起初看到抖音上一些很火的表情包视频，以及很多人在评论区求表情包。他们在抖音上发了一个视频，内容是如何搜索关注这个公众号并得到抖音热门表情包。据抖音运营者透露，这条视频播放量1300万，仅在两天之内就给公众号涨粉130万，一周涨粉到150万。

有了这些粉丝，公众号的变现就会更加强大，这就是组合引流变现的威力。下面来具体看一下，抖音号应该如何组合通过引流变现。

（1）抖音+微信

抖音引流变现就是让抖音之外的平台获利。这样的方式最典型的做法就是"抖音+微信"的方式，包括微信社群、微商店铺、小程序等。我们以"抖音+小程序"的方式看一下，如何打好这套组合拳。

① 抖音视频推送有意思、有创意的内容。

② 抖音视频评论中加入小程序引导。

我们以一个关于签名的抖音号来说一下，具体怎么做。

案例5

在抖音上有一个叫"豆芽签名"的抖音号，经常在抖音中发布关于个性签名的视频，随便一个视频都有几十万的评论，可以说流量巨大。

事实上，这类签名可以出售。很多人在评论区回应自己写得不好也不会设计。针对这个问题，"豆芽签名"给出了很明确的引导方式，粉丝只要打开微信顶部的搜索框，输入"签名小程序"，排在前面的就是这个抖音号引流的小程序平台。这些小程序是需要付费的，这样就很成功地为小程序做到了引流变现。

（2）抖音+线上店铺

当有了一定的粉丝量之后，还可以在抖音上把流量引导到自己的店铺平台，为店铺带来直接转化。

抖音主播可以在火爆的视频评论中，加入自己店铺的信息，让看到的粉丝直接搜索店铺购买视频同款产品。

抖音主播还可以在个性签名中加入店铺信息，当然为了不被抖音平台屏蔽，可以采取隐形方式。粉丝自然能够明白其中的意思。

当然了，将抖音流量引导到店铺时，需要注意一点，在视频中加入的信息一定要打动粉丝。换句话说，在视频中要有吸引粉丝消费的痛点。比如一个健身馆的抖音号，在抖音上经常发布一些关于健身、养生、减肥等方面的视频，获得了几十万粉丝。后来这个抖音号在视频的最后加入了自己健身馆的店铺信息，获得了直接引流变现。

（3）抖音+实体店

"抖音+实体店"的做法主要是利用引流的实体店进行现场拍摄视频，目的是将粉丝通过看视频引流到实体店内。

案例6

有一叫"天猫小店，冬冬超市"的抖音号，抖音主播就经常在店内拍摄一些搞笑视频，场景自然是实体店铺，而主播手中的一些道具也往往是店内的产品。这样就很容易吸引粉丝注意到店铺信息和产品，从而关注这个店铺，甚至还会光顾消费。

再比如一个叫"一号童装店"的抖音主播也在自己的店铺内拍摄视频，拍摄的内容是老板收银时给客户赠送的厚重礼品。这样的视频也能很大程度上吸引粉丝前往店铺消费。

当然，如果你没有实体店，只有网上店铺，那么拍摄场景内也可以放置有关平台店铺的标志、广告牌等。这样粉丝看到后如果感兴趣自然会搜索，为你带来流量和变现转化。

第 7 章 ▶ 营销推广篇：

在黄金15秒内完成"病毒式"传播

无论抖音账号，还是视频内容，做得再精再完美，如果不推广都是静止的，永远不会变现。而要想发挥它们的作用，必须对其进行营销推广，完成"病毒式"传播，让更多的人知道，从而转化为你的忠实粉丝。

第50招
明确抖音营销有哪些优势
——迎合用户注意力结构

现在大多数用户注意力结构发生了改变,视频是为数不多的能够实现全网民覆盖的产品形态,它的特点是碎片时间可利用、生产门槛降低、内容宽度广,且用户领域宽,内容丰富。2018年2月15日,短视频流量第一次超越了综合视频,这体现了短视频的优势。

抖音作为短视频的主要平台之一,其优势也不言而喻,主要有以下3点。

(1)参与性

互联网的快速发展对消费者的消费理念产生了巨大的影响,逐步由单一的接受向深入的参与转变。消费者消费理念的转变大致经历了3个阶段,如图7-1所示。

图7-1 消费者消费理念转变的3个阶段

从早期的功能式消费,演变为品牌式消费,再到现在的参与式消费。现在已经全面进入参与式消费时代,对于大多数企业而言,目前最迫切需要解决的是转变营销理念,转变对待消费者的态度和方式,研究消费者心理,加大其参与力度,挖掘消费者身上的卖点和潜力。

在这种背景下,参与式营销应运而生。参与式营销,顾名思义就是先让消费者参与、体验,再诱导他们购买。而抖音在参与性、互动性上具有其他传播方式无法比拟的优势，利用抖音进行营销可最大限度地促使用户参与其中。

与传统媒体相比，抖音最大的特点是参与性强，这个特点决定了营销人员可与用户进行更深入的沟通与交流。以网络广告为例，这种广告信息的传播是单向的，受众只能被动接受，难以实现互动。而利用抖音，信息的传播由单向转变为双向，买卖双方可即时交流，深入互动，受众的参与性大大提高。

利用抖音进行营销可最大限度地吸引用户参与到营销过程中来，从而大大提升用户体验，增强用户对品牌的黏性。

（2）传播性

传播形式多样化、传播范围广、传播速度快，是抖音深受大众喜欢的主要原因。这也使得其具有引爆的特点。一个事件或者一个话题，通过抖音能够更轻松地进行传播和引起关注。

抖音推荐流完全由官方掌控，所以能最大限度地满足优质内容曝光，对平台的调性建立起到了举足轻重的作用。我们来看看一场抖音短视频的传播能力到底有多大能量。

案例1

如图7-2所示为某明星曾做的一场护肤类视频，从图中数据可以看出，这条短短的小视频被赞1.8万次，分享314次。

（3）社交性

社交性是新媒体平台的共性，大多数平台都带有一定的社交性。如映客、花椒等，以聊天互动、交流交友为主；斗鱼等以游戏细分领域为主。再如QQ、微信、微博等，它们都是以社交为前提的，即先依靠高度娱乐化的内容吸引粉丝关注，然后利用粉丝黏性打造更有价值的内容。

如今抖音仍是以社交为基础，且社交性

图7-2　某明星抖音视频的传播力

更强。而且较之其他短视频平台不同,社交性更鲜明,不仅是短视频的分享平台,更是其粉丝社群的社交平台。

在抖音中,有个非常创新的版块——达人话题,这部分运营采用用户(主要是达人)发起→官方助推→用户参与→优先曝光的方式进行运营。

案例2

2020年初,新型冠状病毒引发的疫情使保护环境,保护野生动物再次成为一个社会热点话题。在此背景下,"阿拉善SEE"在抖音上发起了"精灵守护挑战",如图7-3所示,多位生态环保公益达人带领大家学习了解自然生态,同时还为乡村孩子捐书。这一活动就具有社交性,引发了大量抖友参与。

图7-3 "阿拉善SEE"发起的精灵守护挑战

达人话题相当于为用户提供了生产优质内容的命题以及参考范本,降低了优质内容的生产门槛以及中心化效应。

在抖音内容自生长阶段,这一运营方式帮助抖音完成了从内容生产到分发到消费均在用户内部推进的有机自循环,让运营效率事半功倍的同时,还能保证内容与定位的契合度和完成度。更重要的是,这为抖音社交氛围的形成,起到了铺垫作用。

抖音鲜明的社交特征令其收获了与其调性相契合的市场,主要为一、二线城市居民,其中又以女性(66.1%)和年轻人(30岁以下用户占比93%)居多。这部分抖友有钱有时间,是出游的主力军;同时,他们中的大多数是互联网原住民,善于创造,乐于分享,对于互联网产品的参与意愿很高,有着较为强烈的社交需求。一方面,他们通过拍摄和上传短视频来吸引关注,同时带动抖友之间的视频创意比拼。相比传统营销模式而言,动态的短视频社交模式呈现出更强的交互性和参与性。

第51招
对抖音平台进行营销定位
——抖音在营销中的4个定位

做抖音营销需要对视频平台进行精准定位,即明确通过抖音要向受众传递哪些信息。抖音在营销中可大致扮演4个角色,分别为展现企业和品牌形象;为用户提供产品和服务;向用户普及与产品或服务相关的知识;与用户互动,增强用户忠诚度。根据抖音平台扮演的4类不同角色可以将其分为4个类型。

(1)售卖型

企业选择做抖音营销主要目的是拓宽产品销售渠道,让更多消费者认识产品、了解产品,进而购买产品。比如淘宝、京东、蘑菇街等电商在抖音上直接展示产品,利用的就是抖音在产品展示、销售方面的作用。

如图7-4所示,是拼多多抖音官方账号,其大部分内容就是展示产品。

由于视频效果远远高于图文,因此,抖音在产品展示上有着巨大优势,可以充分地展现产品,让消费者全面了解、体验产品,这已是不争的事实。

抖音短视频可以全方位地呈现产品,以更充分地调动受众的多重感官系统。几分钟的短视频往往就能胜过一场几十分钟,甚至几小时的现场推销。

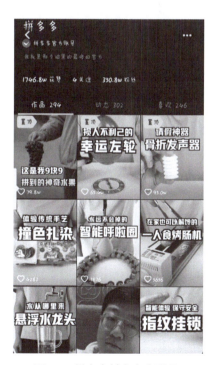

图7-4 拼多多抖音官方账号

（2）推广型

利用抖音对产品进行宣传和推广。抖音除了可以当作销售平台，给产品展现形式带来的变化外，还有一个重要作用，即促使广告从大众传媒向社交媒体的转移。尽管有不少企业通过抖音直接卖东西，但相对而言还是少数，大部分企业还没有这样做的条件。因为销售型平台的搭建难度比较大，它需要企业有一个完整的营销体系来支撑，如企业有自己的电商平台、开通线上商城或店铺等、产品实现线上运营并支持线上客服、开通支付功能等。只有这样，才能保证当有人对产品产生购买兴趣时，可以马上进入线上店铺，与客服沟通，然后选货、下单、支付，最终完成购买行为。

假如企业不具备利用抖音直接销售产品的能力，最好不要轻易尝试。换个思路，可将抖音定位为产品宣传、推广的平台，将其当作一个线上引流工具。主要目的是扩大企业自身，或产品曝光度，增加大众对企业或产品的好感。

案例3

小米抖音账号之一"小米员工的日常"如图7-5所示，其视频是一系列的工作之外的日常场景，包括发工资、吃饭、同事之间的沟通、锻炼身体等，很琐碎但趣味性十足、接地气，最大限度地展现了小米公司的文化氛围，吸引了大量米粉的关注。

（3）知识普及型

向大众普及与产品有关的知识。抖音的本质是社交，核心是促进人与人之间的信息、情感交流。因此，千万不能将抖音单纯地当作一个销售和推广的平台。毕竟，人们看抖音起初并不只是为了消费、购买产品，大多数人内心真正的需求还是为了获取某方面的信息、体验某方面的乐趣、了解有关的知识等。

因此，企业在进行抖音营销时，还必须将

图7-5 小米的抖音账号之一"小米员工的日常"

之定位为一个供用户学习、休闲和沟通的平台,实现知识的传播,满足用户的深层需求。只要把握得当,在满足用户需求的前提下,就可以以知识带动消费,使企业、产品在用户心中形成良好的口碑,实现口口相传,达到销售的目的。

当然,所谓知识的传播也是有技巧的,要想既能满足用户需求,又能兼顾企业的需求,达到双赢的效果,就必须要找到基准点,即企业的核心产品和业务,再围绕基准点向四周扩散。

如保险公司,核心产品是保险,那么就可以以此为基准,提供一些与保险有关的知识。再如做美甲的商家,核心服务是美甲服务,就可以教粉丝一些做美甲的技巧。

案例 4

如图7-6所示就是一个专门做美甲的工作室,在推销美甲工具和美甲油的同时,教粉丝掌握一些与美甲有关的小知识。

以传播知识为主,销售为辅,不仅更益于全面展示产品和服务,还能够深入地与用户交流,了解用户需求,强化用户的忠诚度,弱化用户对直接销售的反感情绪。

图7-6 某美甲工作室的教学视频

(4)互动型

利用抖音,与用户互动,维护客户关系。众所周知,客户资源是企业最重要的资源,客户关系管理也被认为是企业管理不可或缺的部分。而在互联网、移动互联网时代,客户关系管理更加重要,任何企业无论规模大小,实力是否雄厚,如果不重视客户关系管理,那么很快就会失去发展的动力。

在客户关系管理上抖音更有优势,这是源于抖音平台自带社交属性,可使主播与粉丝实现超强的互动。抖音视频有很多细分领域,每个细分领域聚集了一大批有着共同兴趣、爱好的人,而这些人依据喜欢的内容就形成一个个社交圈。

一个细分领域就是一个社交圈,圈中聚集着大量有共同兴趣爱好的人。比如美食，在抖音上美食类视频是非常重要的一类内容。有的人直播吃可以播很长时间，几十分钟甚至几个小时。为什么一个简简单单的吃都能深受欢迎？吃在日常生活中确实无聊至极，但在抖音上，因有更多的人不断互动会变得异常有趣。总有那么一部分人喜欢美食，是彻头彻尾的"吃货"，他们认为这就是乐趣，就是享受，吃的任何细节都充满了诱惑。再加上即时互动，让直播就像朋友间的聊天，好的内容一起分享，坏的内容可以一起吐槽，时间很快就过去了。

第52招
了解抖音对营销的促进作用
——抖音在营销中的4个作用

无论电商企业，还是传统企业都在花大力气做抖音营销。这也充分说明抖音对企业营销来讲十分重要，它具有多重正面作用。那么，这些作用具体体现在哪几方面呢？经总结有4个，如图7-7所示。

图7-7 抖音对企业营销的作用

（1）改变传统的营销模式

抖音对营销的作用集中表现在对营销者思维模式的改变上。以往我们做营销工作，通常是先对产品进行策划、定位，然后再制订策略、确定渠道、寻找市场。在抖音中，这种做法已经不再适用，抖音营销属于新媒体营销，核心不是卖货，而是吸引粉丝、引流，通过高质量内容获得粉丝喜欢、认可，然后再以这条情感纽带触发购买行为。

案例 5

挑战赛是抖音在2017年7月上线的一个功能，这个功能吸引了众多抖友参与，动辄亿级的流量。不少企业、品牌也看到了挑战赛巨大的商业价值，知名凉茶王老吉就是其中之一。

王老吉通过抖音挑战赛率先开启了2019年"过大年"热潮，如图2-5所示。从2019年1月10日到1月16日，王老吉以"开启美好吉祥年"为话题发起短视频挑战赛，其间播放总量超过44.5亿，参与人数超过40.7万人。

短短6天长尾流量的扩散，其话题"开启美好吉祥年"成为平台热议话题，其定制背景音乐《吉运当头》也成为热门。

图7-8　王老吉抖音挑战赛

王老吉这场抖音挑战赛之所以能够吸引如此多人参与，让自己的产品在春节营销红海之中脱颖而出，时机、头部效应、资源整合运用是三大关键。抖音挑战赛遵循了一条KOL示范，全民模仿众创的运营逻辑，同时，抖音为其加磅开屏、热搜、信息流、定制贴纸等流量入口资源，可以在短时间让品牌得到巨量曝光，也正因为此，抖音成为企业在特殊节点营销中十分乐意使用的营销工具。

抖音营销并不提倡直接卖货，与粉丝也不是卖买关系，而是重在通过一系列生活展示、情感互动来诱导粉丝追逐她自己的生活方式。

传统营销与抖音营销的区别在于，如图7-9所示。

图7-9　传统营销与抖音营销对比图

从上图中可以看出，传统营销与抖音营销差别在于核心和策略上的不同。前者侧重于对产品的打造，后者侧重于对粉丝的培养。换句话说，一个是以产品为出发点制订营销策略，一个是以消费者为出发点制订营销策略。正是因为出发点不同，因而所采取的营销策略也截然不同。

前者从企业产品策划到消费者购买，基本上是一个环环相扣的过程，任何一个环节出现问题都可能影响到最终的效果。后者则不同，卖什么、如何卖已经不是重点，关键是要能够拥有一批高质量的粉丝。粉丝不是普通意义上的消费者，他们产生了购买行为，而且还在用这种行为对产品表达一种情感，这种情感往往会带来更大的价值。

抖音彻底改变了以往传统的营销模式而采用框架反转，即不是以"卖产品"为核心，由卖方被动向消费者推销，而是"以人为本"，以"消费者需求"为导向，要消费者反转主动来卖方这里买。

（2）为企业引流，增加用户量

抖音蕴含着巨大引流作用，有"一呼百应"的传播效果。抖音引流能力之所以强大，是因为在内容上有精准的引导，站内资源也起到了强势助推作用。

仍以王老吉参与抖音挑战赛为例，抖音黄金硬广告资源也是成就40多万亿播放量的关键因素。这些黄金资源矩阵覆盖了开屏、信息流、发现页Banner（横幅广告）、热搜等。除此之外，王老吉之前的竖屏大赛的前10名的作品也在挑战赛页面聚合，让王老吉的吉文化通过不同的内容得到了强化。王老吉在抖音开设了自己的官方蓝V账号，在竖屏大赛和挑战赛期间也成为引流的一个重要途径。官方账号会配合发布挑战赛KOL的示范视频，一般都能获得数万甚至十几万的点赞。

抖音站内资源引流矩阵如图7-10所示。

图7-10　抖音站内资源引流矩阵

（3）提升用户购买体验

抖音之所以可以完胜传统的营销方式，还在于高质量的体验，如在给用户的视觉体验上，身临其境般的逼真是其他任何方式无法比拟的。

抖音的用户体验主要体现在高清的画面上。众所周知，抖音对网络、宽带的要求非常高，为什么？就是因为网速越快，清晰度越高，播放的流畅度越高。近年来，宽带总量的提升使网络抖音的高清晰度也大幅提高；网络抖音宽带增长将主要取决于秀场网络抖音的继续普及和高清拍照手机对清晰度需求的提升。

为了提升用户的感受，现在有些平台已经在抖音中植入了VR技术，这项技术如果能大规模地推广，对抖音营销的体验性将会有更大幅度的提升。总之，在未来，高清及其以上的抖音视频将会越来越多，因为只有良好的观看效果和体验才能吸引更多用户，留住用户。为了自身的发展，各大平台势必会加大投入，引入高频宽带，改善视频质量。

（4）辅助做好与营销有关的其他工作

企业抖音的应用非常多，不仅仅可以用于营销现场，还可以运用于与营销有关的一切工作。营销工作是一个完整的体系，往往有很多环节，需要多部门配合。在整个过程抖音都可以参与其中。

比如从产品投标融资项目路演、产品的产生、产品的宣传、领导参加或公司主导的行业营销论坛峰会、公司举办的大型促销活动，到一年一度的营销年会总结等都可以通过企业抖音的方式展现。通过抖音让企业的每次营销活动都收到预期效果，得到快速扩散和传播，既有利于企业文化内部的传承，也有利于客户及时了解企业营销动态，增加对企业的认可和信任。

第53招
抖音营销模式设想
——抖音营销的4种营销模式

抖音营销作为一种新营销方式，与传统营销存在着很大区别，不同的营销方式有不同的模式。抖音营销有着不一样的营销模式，常见的有4种模式，分别为购物模式、广告模式、明星秀和场景模式，如图7-11所示。

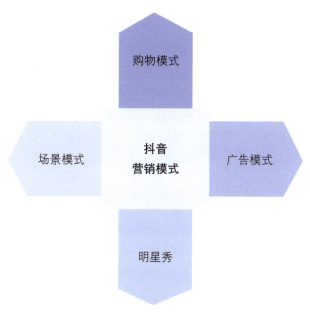

图7-11 抖音营销的4种模式

（1）购物模式

购物模式其实就是"抖音+购物"，边聊边购物。企业之所以选择利用抖音来营销，最关键的原因就是可以迅速抓住一部分消费者，促使他们在线上线下直接形成购买力。事实证明，"抖音+购物"的模式往往可促成大量成交额，单品转换率极高。

不过，这种模式运用范围非常有限，通常仅限于电商企业，如淘宝、聚美优品等，以及专门以直播为卖点的企业和商家，如菠萝蜜、魅丽美妆等，基本实现了边看边买的新型购物模式。用户在看视频的过程中就可以直接下单，大大提升了销售转化。同时，这类模式受众范围也比较小，多为"90后""95后"人群，这一人群是短视频消费的中坚力量，是抖音消费的主力军，他们追求新潮与个性，容易接受新思想，敢于尝试新事物。

（2）广告模式

广告模式，是指在抖音中植入广告，以此来扩大企业和品牌曝光度、知名度，提升企业、品牌在消费者心目中的影响力。今日头条广告投放体系相当成熟，抖音作为其旗下的明星产品，在2018年3月份开通了广告投放的入口。最常见的是信息流广告，用户在刷视频时，刷出来广告主投放的视频，可以直接点击下载。

从这个角度看，抖音带给企业的不仅仅是产品销量的提升，还有宣传力和广告效应，从而增加品牌和产品的曝光度。

广告要的就是曝光率，抖音庞大的用户量使其成为一个巨大的流量池，这意味着一种新兴广告形式将崛起，从产品特性出发，基于特定场景的体验式植入。抖音广告与过去传统广告相比，更容易被用户接受，因为可以更好地运用社交属性，进行场景设置，受众对广告的抗拒大大降低。

（3）明星秀

随着影视明星、网络红人的参与，"抖音＋明星抖音秀"模式快速走红，让明星直接为企业卖产品也成为企业新玩法。

《悲伤逆流成河》原本仅是近年来众多青春疼痛电影的一个缩影，最初猫眼给出的票房预测是8000万元。而上映前一周抖音与片方共同发起的"为沉默发声"的公益接力行动，吸引40余位明星参与，话题播放量过亿，最终实现了4天过亿的票房成绩。

任何一家影视营销公司都无法把一部影片的所有内容和元素解构出来进行传播，而抖音通过对年轻用户的审美感知，把握住校园霸凌的核心信息，将其对严肃话题的关注转化为对电影的观看欲望。与此同时，抖音与片方也陆续成功打造了《延禧攻略》《一出好戏》《西虹柿首富》等头部内容的营销案例，为互联网营销提供了不少新启发，被称为"娱乐营销强阵地"。

由于明星、网红自带流量，成为很多企业的首选合作对象，很多明星和网红纷纷参与抖音，以短视频的方式缔造了一种新的营销模式。

（4）场景模式

场景对消费的引导作用非常强，将某个产品置入到一定的情景中，可以让产品更好地融入当时环境，促进用户潜移默化地接受。比如我们看某部非常火的电视剧、电影，男女主角的着装、语言，包括饮食习惯都会成为关注的重点，在私下讨论也离不开这种话题，有很多粉丝甚至会刻意去穿同款衣服，模仿他们的言行等。其实，这就是场景化的作用，但在抖音出现前，这种场景化相对来讲是比较弱的，抖音的场景化作用更强，针对性也更强。

第7章 | 营销推广篇：在黄金15秒内完成"病毒式"传播

比如某商家通过抖音卖小龙虾，他不会直接介绍小龙虾的优势，有多美味，价格是多少。而是将其植入某个场景中。比如现场直播捕捉龙虾、如何烹制龙虾等，这样更容易促使消费者对视频内容产生认同。

第54招
选对商品是抖音营销的关键
——抖音爆款产品的特点

所谓抖音营销就是在视频中插入商品链接（需要开通视频购物车功能），通过发布视频让用户购买商品。可见，做抖音营销选对商品是最主要的一个步骤之一，纵观那些抖音爆红品，某种程度上都是选对了商品。

自从抖音上线后，被其带火的商品五花八门，稀奇古怪，但如果仔细分析就会发现它们有一些共性。接下来就分析一下，抖音爆款商品有如图7-12所示的4个特点。

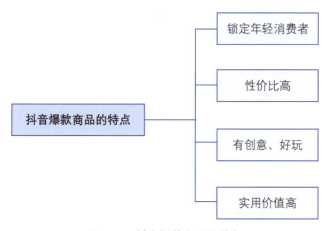

图7-12 抖音爆款商品的特点

（1）锁定年轻消费者

抖音的目标受众很明确，主体是"90后""00后"，而这部分人在消费偏好方面也很有特色，他们喜欢追赶时尚，喜欢新潮、炫酷的东西。

因此，在抖音上推销商品首先必须锁定这部分人的需求，否则再好的商品也会被冷落。曾经有一款吸尘器，因强大、多样化的功能在实体店销售非常火爆，但是在抖音上就销量不高，原因就在于吸尘器的受众对象不是年轻人。在抖音上面火爆的商品，必须是年轻消费者爱玩的东西。

（2）性价比高

当下年轻人工作、生活、学习压力都非常大，常常表现出寂寞、焦虑，而一部分人会通过看或买新鲜的东西来缓解这种心理。他们更青睐性价比高的东西，这也是在抖音上火爆的商品大都在100元以下的原因，不用花大价钱就能买到好玩的东西，何乐而不为。

（3）有创意、好玩

年轻人喜欢创意，喜欢表达自己，所以使用的商品也必须要具有创意、好玩、新奇等特点。

比如可以吃的iPhone X。包装盒里面装的不是苹果手机，而是巧克力。送给朋友时，打开盒子的体验感从惊喜到失望，让人觉得有趣，这样的商品自身引发的内容就可以支撑一个视频的创意，不需要额外的创意点。

再比如小猪佩奇社会人手表，这是一款根本没有手表功能的手表，打开手表包装，里面居然是奶糖。小猪佩奇其实跟"社会人"本身是没有关系的，但在偶然的情况下被捆绑在一起，就建立了某种基于身份的象征意义。有人说可能这就是所谓的用童趣来瓦解复杂社会。

从心理学角度来讲，人人都喜欢新奇、新鲜、好玩或者可爱的东西。再加上相对较低的价格（这绝对是抓住年轻用户的一个大招），让这些商品很快成了抖音爆款。

需要注意的是，在推广初期一定要提炼出商品最有特色、创意的属性，引发一波狂潮后，可以持续开发其他的创意点。你的商品只要有足够的创意，满足抖友们的需求，引发讨论和话题，商品就会火爆。

（4）实用价值高

如果商品没有新奇好玩的点，起码要有一定的实用性，这样才能抓住一部分抖友的需求。比如自拍杆手机壳，充当手机壳的同时还可以变形为自拍杆；再比如切菜神器，切菜再也不用害怕伤到手。

这些商品都戳中了大多数人的最基本需求，解决了他们在生活、工作和学习中遇到的问题，这也是为什么抖音上有很多小商品，看起来很普通却能获得广泛关注的原因。

第 55 招
直观展示商品，以实现高效转化
——掌握抖音购物车的用法

很多人都熟悉淘宝、京东等电商网站上的购物车。购物车主要用于储存用户感兴趣但暂时不买的商品，当用户在浏览页面时，可将感兴趣的商品放在购物车里。其实，在抖音上也有购物车，用户对于感兴趣的商品点击购物车，即可跳转至商品种草页获得更多商品相关信息。

抖音购物车功能致力于帮助广大用户发现新鲜好物，让好物分享、即时获取成为可能。同时为商家提供了直观展示与高效转化的平台，助力更多商家在此平台上实现流量变现，驱动营销。

为了让商家运营者更深入了解购物车相关知识，迅速玩转购物车功能，推出更加优质的购物车内容，抖音官方推出了多个便捷好用的购物车工具，具体有4个，如图7-13所示。

图7-13 便捷好用的4个购物车工具

（1）工具一：电商小助手

电商小助手是抖音购物车功能唯一官方教学平台账号，如图7-14所示。所有官方规则、公告发布、课程上新、活动通知都会第一时间通过电商小助手上线，并且会定期安排直播课程，保持关注，即可实时获取最新动态。

（2）工具二：小店学院

抖音小店是抖音为自媒体用户提供的电商变现工具，帮助自媒体用户拓宽内容变现渠道。店铺开通后，可以在头条号、抖音、抖音火山版个人主页展示专属的店铺页面，小店的商品可通过微头条、视频、文章等多种方式进行展示曝光。

小店学院是为所有开通商品橱窗功能用户提供的专属学习频道，如图7-15所示。小店

图7-14 电商小助手

第7章 | 营销推广篇：在黄金15秒内完成"病毒式"传播

图7-15　小店学院　　　图7-16　购物车规则中心　　　图7-17　商品橱窗消息公告

学院内容涵盖基础功能介绍、官方课程培训、官方消息即时通知、活动公告以及商家圈等，实时更新，推荐大家养成日常浏览的习惯。

（3）工具三：抖音购物车规则中心

抖音购物车规则中心是帮助购物车内容创作者了解购物车玩法的频道，如图7-16所示，具体可以通过以下路径进入。

商品橱窗→规则中心，进入频道学习包括《抖音购物车商品分享社区规范》《抖音平台禁止分享商品目录》在内的相关规则规范。

也可以在违规公示板块了解最新的违规处罚通知，并在常见问题板块对规则中常见的问题进行问答。

（4）工具四：商品橱窗消息公告

商品橱窗消息公告位于置顶位置和右上角的公告中心，如图7-17所示，主要用于及时发布上线活动通知、教程上新通知、问卷收集等信息，点击详情即可了解具体内容，选择参加相应活动。

第56招 让视频快速触达用户
——搜索关键词的设置技巧

很多短视频平台内都带有搜索功能,抖音也不例外。搜索功能不仅仅方便了粉丝查找特定的账号和视频,更有利于运营人员精准地推广自己的视频。很多粉丝关注一个账号或者观看一个视频时,都习惯通过搜索来寻找,这样做省时高效。那么,运营人员如何才能让粉丝最便捷地搜索到自己的账号或视频呢?这就涉及一个非常重要的技巧——搜索引擎优化。

搜索引擎优化,缩写SEO,是一种透过了解搜索引擎的运作规则来调整网站,以及提高目的网站在有关搜索引擎内排名的方法。它也是网络营销中非常重要的一门技术,掌握这门技术基本上就可以得到海量的搜索引擎的搜索流量。

抖音视频的搜索,也需要懂得这门技术,以提高视频在抖音App中的排名。那么,具体应该如何做呢?最主要的方法,也是抖音上唯一可以用作提升搜索引擎优化的方法,那就是恰当地设置关键词。

设置关键词就需要了解关键词的类型,关键词的类型通常包括3个,如图7-18所示。

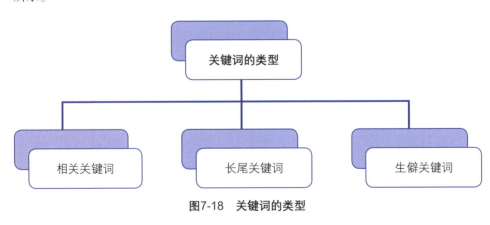

图7-18 关键词的类型

（1）相关关键词

相关关键词，是指与被搜索信息内容相关或相近的关键词，如"2019年国内十大新闻"的关键词可以是"2019年 新闻"，那么，"2019年 事件"就是相关关键词。

相关关键词是百度、雅虎、谷歌等各大搜索引擎运用最为普遍的，允许搜索者在搜索时出现谐音相关词，而且还有一些热门搜索提示，显示搜索者近期常用的相关词语。这样做的好处是扩大搜索范围，增加被搜到的可能性。

因此，在设置抖音搜索关键词时，可以重点优化相关关键词，多设置几个与视频相关的关键词。

（2）长尾关键词

长尾关键词，是指非目标关键词但也可以带来搜索流量的关键词。长尾关键词比较长，往往是2~3个词组成，甚至是短语，其搜索量非常少且不稳定。

长尾关键词存在于内容页标题以及正文中，可方便用户快速找到自己需要的视频，比如"2020创新 智能制造"就属于一个长尾关键词。在搜索时首条就会出现"2020中国智能制造十大变革趋势"这样的信息，从表面上看只含有"2020""智能制造"等关键词，但"创新"一词会多次出现于文中。

选择长尾关键词首先要考虑大部分用户的搜索习惯，分析一下他们通常会如何去搜索，然后才能确定与视频内容最符合的长尾关键词。所以，不能忽略长尾关键词的作用，尤其是商业站点，这样的流量最有价值。

（3）生僻关键词

用户可以根据自己视频的内容，寻找一些相关的，但很少被竞争对手使用的关键词。虽然这类关键词带来的流量很小，不过，排名容易上去，也许在视频被收录后的当天就能显示在第一页。另辟蹊径提炼生僻的相关关键词，比做一堆跟风关键词更有可能带来流量。

第57招 视频的推广
——与大号强强联合

大号往往是网红号，制作精良，粉丝多，在特定领域内有很大影响力。在推广中，如果能搭借几个大号，其速度不言而喻。需要注意的是，这不是纯粹的借对方的力量和影响力，而是要相互利用，你在享用的同时也要给予，因此，很大程度上是互推。

那么，如何与大号进行互推呢？下面介绍6种简单易学、行之有效的方法，如图7-19所示。

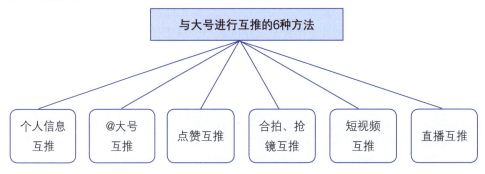

图7-19　与大号进行互推的6种方法

（1）个人信息互推

借用个人信息栏互推是最简单、最直接的一种方式，目前，在抖音上有很多这样的例子。具体操作方式是：在抖音大号的个人信息栏中植入我们的信息，通过大号的个人主页曝光。也可以在自己的个人信息栏中提到大号的信息，直接提到对方昵称，也是最常用的做法。

需要质疑的是，不要赤裸裸地植入微信、QQ、手机号等信息，这是抖音平台明确禁止的行为。

(2) @大号互推

直接@对方是目前抖音最常见的互推方法之一。如果说，在个人信息中植入引流信息可能遭到平台封杀的话，这种方式安全系数很高，更加安全，抖音的平台规则没有一条是限制文案中@对方的。

另外，这种方式成本也很低，不用专门拍摄视频，只需要在文案中@对方，就能获得与大号短视频近乎齐平的曝光。最后如果你们之间的视频、文案能够形成一种联动，会获得更好的曝光效果，比如文案脉络承上启下。

(3) 点赞互推

点赞互推是所有互推方法中质量较高的一种。比如大号点赞了你的某个视频，由于大号的个人影响力，肯定会引来一大群粉丝的关注。或者你点赞大号的视频，有些粉丝在看大号视频的同时，也注意到了你的账号。任何一种行为，都能带来更多粉丝的关注。

(4) 合拍、抢镜互推

抖音是一个内容社交平台，合拍、抢镜这两个极具抖音特色的玩法效果突出。抖音上曾经就有人借助这两个功能把自己的账号做大。想象一下，如果把这两大功能用在互推上，那么隔空喊话、隔空互动的效果必须翻倍。

(5) 短视频互推

短视频互推是目前绝大多数抖音号第一流量入口，毫不夸张地说99%的账号曝光，是借助每天发布的短视频带来的。所以通过短视频作品互推可以说是最有效的方法。具体可以尝试使用以下4种方式，如图7-20所示。

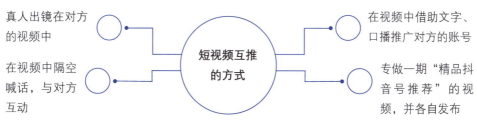

图7-20　短视频互推的4种方式

(6) 直播互推

与短视频互推是一样的道理，即在大号直播中植入自己的账号信息。与短视频相比，抖音的直播入口的管控相对松懈，所以在直播中，进行互推的账号更有优势。

以上几种方法既可以单独来做，也可以搭配使用，多做尝试找到最适合自己的方法。当然，互推只是方法，做好内容才是核心，用户来了只是第一步，能留下他们才是真本事。正所谓"打江山容易，守江山难"。

第58招
视频的推广
——借助小号推主号

账号互推大部分是与他人合作的互推，互推的账号并不是自己建立的矩阵号。其实还有一种互推方法，就是大小号之间的互推，这种操作在抖音中更为常见。

案例6

凭借一首《讲真的》爆红的"摩登兄弟"，是抖音红利的典型代表，其涨粉速度曾成为业界美谈，半个月内就吸粉千万，甚至还引来了许多明星的关注。而"摩登兄弟"的大火，除了主唱颜值高、实力强之外。背后的推广也是非常关键的原因。

其中最成功的推广手段之一就是打造抖音矩阵，用小号推主号。

"摩登兄弟"的主号ID是"MD4528"，而他的几个小号也非常受粉丝关注。其他小号分别为"摩登兄弟小日常""摩登兄弟头号粉丝""摩登兄弟粉丝后援会""BOSCO福"。这些小号有些是其成名前成立，有些是其成名后成立。不管是哪一种，都是为"摩登兄弟"这个主号服务的，在主号发布抖音视频时，它们进行转发、互推等。

当然，大小号互推这种做法非常有风险，一旦运营得不好反而会起到反作用，被粉丝厌恶。那么，如何保证大小号的互推效果呢？如图7-21所示的3点必须做到。

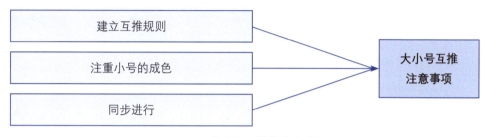

图7-21　大小号互推的注意事项

（1）建立互推规则

互推，是指同一量级或不同量级的账号，通过提前设定好的规则进行互相推广的行为，目的是通过各自差异化的粉丝，为彼此带来增长和收益。大小号的互推也需要有一定的规则，不能随便进行。比如账号之间粉丝差距不能太大，假如大号有100万粉丝，小号只有30万粉丝。再比如互相推广时小号的排序问题，排序很重要，排序这一点无论是主号推小号，还是小号推主号都需要注意。

因此，必须设定好规则，在设定规则时应注意以下2点。

1）角度

如果是主号推小号，就要把小号排在推荐的前面，不管是推荐的频次还是位置，都要排在第一。如果是小号推主号，就要把粉丝数最多、转化率最强、粉丝黏性最高的排在前面，如此既能保证主号的涨粉效果，又能保证粉丝较少的小号的养成效果。

2）轮推

除了主推大号之外，小号与小号之间互推也是运营抖音矩阵时必须进行的手段。那么小号与小号之间如何互推呢？可采取轮推的方式。比如小号A在第一个月互推计划中排名第一，那么第二个月就要排名最后，如此可以保证所有小号都能排到第一名，其核心点就是公平公正，否则粉丝数量少的小号是养起来了，粉丝数量大的小号不见进步还后退了，反而是得不偿失。

（2）注重小号的成色

参与互推的虽然是小号，但也要注意成色，必须也是高质量的，能给粉丝带来利益和良好体验。新加入的小号不建议参与。那么，在选择小号时应注意哪些问题呢？主要有以下4个。

1）粉丝调性

小号与大号所面对的粉丝调性要一致，打个比方，苹果和小米，它们的粉丝调性不一样，即使互推也起不了什么效果。这一点，需要在一开始打造小号时就要注意，因为调性一旦确立很难改变。

2）粉丝群体

大号和小号之间的重合度要高，比如一个美妆大号的粉丝大多数是女的，但是小号当初没有设计好定位，吸引的都是男粉丝，这样的互推就完全起不到效果。

3）粉丝黏性

在精力有限的情况下，最好选择黏性较高的粉丝进行互推，否则这个小号的粉丝可能会因为推荐大号内容过多产生反感，而导致粉丝流失。

4）粉丝数量

如果小号本身粉丝数少，尽量不要参与互推，否则不但没有效果，反而会让小号受到损失。因为小号原创和与自身定位相关的内容少，粉丝不但不涨，还可能会流失。

（3）同步进行

大小号互推一定要安排好时间，最好能在一天内同步进行，这样才能实现效果最大化。就像微博热搜一样，只有大家一起在同一时间内搜索某个关键词或发布某个带关键词的文字或视频，才能上热搜。抖音的视频要达到相同的效果也是同样的道理。

此外,就是要注意互推的时间段,在哪个时间段与小号一起互推的效果是最好的,运营者需要充分注意,这一点在其他章已做过详细叙述。

第59招
营销结果总结与反思
——做好视频的复盘工作

复盘最早运用在股市中,后被联想集团运用于管理工作中,成为一种非常重要的管理方法。现在已经在很多企业中盛行,比如万达、360等,都将复盘作为指导企业战略发展的重要工具。

那么,什么是复盘?我们先来简单了解一下,所谓复盘指的是对过去完成的项目所做的一个深度思维演练。除了总结结果之外,还要对整个项目过程重新演练,在这个演练流程中发现问题,分析问题,从而积累成功和失败的经验,得出实际可行的解决方案,为接下来的决策和战略提供更具有价值的参考。

复盘的流程如图7-22所示。

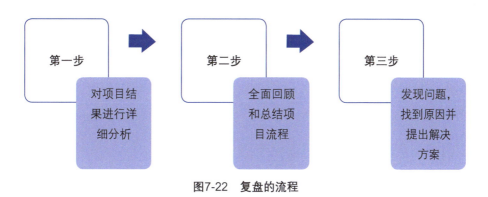

图7-22 复盘的流程

在抖音运营中也需要复盘，因为任何一个视频从开始到结束，整个过程中或多或少都会出现计划之外的突发状况。而复盘就是绝佳的反思机会，发现视频在各个环节中的问题与不足然后不断深入思考，找到解决问题的办法。

因此，作为抖音运营人员必须具备复盘的总结能力，对来自粉丝的需求建议、竞品优势等进行归纳整理，对视频进行完善和优化。这也是抖音运营复盘的最重要意义。

（1）对项目结果进行详细分析

对项目结果进行详细分析是复盘的第一个环节。目标是一个不断检验和校正的过程，通过不断分析得与失，不断深化认识和总结规律。抖音运营者必须知道这几点：对于没有发布的视频，我们必须知道预期目标是什么，是否达成，为什么没有达成，现状与预期还有多大的差距。

案例 7

有一个舞蹈健身工作室，给自己制订了一个目标：每天发送两个跳舞的抖音视频，并且利用小号、微博等方式引流加粉，希望每条视频的点赞超过10万次。

然而，经过一段时间之后，这个工作室的视频发送数量是达标了，但是每条的点赞只有几百次。这个数字距离预定目标还差很远。为什么出现这样的情况。

该工作室最后经过复盘得出结论：自己的视频内容和目标根本不符。后来，在科学的复盘之后，发现问题，并找到了原因，最终在视频内加入女性舞者。经过改进后的第一条视频就在一天之内获得了4万多点赞量。

在回顾目标这个环节中，要考查"当初是怎么定目标的"和"现在做成的结果"之间的差异，然后根据差异分析原因，寻找解决方案，并开展后续的行动，最终形成一个科学的目标计划。

只有对目标进行详细分析，找到问题，认清差距，才能制订出更合理、科学的目标。

（2）全面回顾和总结项目流程

在复盘过程中，有一个步骤非常重要那就是全面回顾和总结项目流程，目的是让结果与预期目标更好地对比，然后基于此发现问题，看到结果与目标之间产生的差距，包括亮点和不足。

案例 8

以某企业参加的一次抖音挑战赛为例，看一下如何找亮点和不足。

亮点：通过参加抖音的挑战赛等活动，对涨粉的流程有了一定的了解，在短时间内弄清楚了粉丝的需求，根据粉丝需求快速呈现出更多样化的视频；与团队一起发起一个有意思的挑战赛，赢得了上万人参与；抖音视频封面得到了点赞。

不足：视频里呈现出来的内容逻辑不清楚，导致粉丝需求定位不准确；遇到问题的时候自己没有办法确定，需要向上级报告。负责特效技术的团队成员提出了两大难题：粉丝流失很快；不知道下一个视频的设计逻辑符不符合粉丝最新要求。

有很多抖音运营人员在复盘中往往只在数据层面（点赞量、粉丝量、转发量等）做分析，没有从抖音整体运营的角度进行对比，所以就发现不了问题，或者说发现不了全部问题。这样的结果对复盘也就毫无意义。

所以，在复盘中必须全面回顾和总结项目流程，找到根源问题，这样才能让后期的抖音运营更加顺畅。

（3）发现问题，找到原因并提出解决方案

复盘的本质是解决问题。有了上面的结果对比之后，我们就要进行复盘的最后一步，就是分析问题，找到原因。

分析问题、寻找原因可以按照如图7-23所示的3个步骤进行。

图7-23 分析问题、寻找原因的步骤

1）叙述过程

叙述过程的目的是让所有复盘参与人员都知道整个事件的过程，这样大家才有共同讨论的基础，以避免把时间都浪费在信息层面。叙述过程最好是团队参与，这是为第三个步骤打基础。

2）自我剖析

自我剖析的时候，一定要客观，甚至可以对自己不留情面。自我剖析是分辨事情的可控因素，搞清楚到底是因为自己掌控的部分出了问题，还是别的部分出了问题。

3）众人设问

通过团队成员的视角设问，这样可以突破个人见识的局限。设问要探索多种可能性以及其边界。

比如有一些抖音主播做得不是很好，在复盘时分析较多的是基于数据和运营，而没有形成团队的自我剖析与众人设问。尽管事前做了预告，但由于结束后的总结及复盘没有形成团队行为，也没有基于此次活动成功或失败的原因进行分析、总结，从而导致无法从前期的活动中吸取经验，完善自我。

第8章 行业实践篇：
实践出真知，抖音营销助力多个行业转型升级

随着抖音的普及和应用范围的扩大，抖音营销已经在各行各业推广开来。但具体到每个行业，又有不同的特点。本章结合娱乐、游戏、大众消费、旅游、教育等多个行业进行详细阐述，总结抖音营销在不同行业中表现出的特点，以更好地指导实践。

第60招
抖音+泛娱乐
——两极分化严重却不乏亮点

娱乐是影响年轻人，吸引年轻人注意力的最有力武器，再将娱乐的范围扩大一点就是泛娱乐。在短视频中，泛娱乐是一直最受热捧的一个领域，不但受众人群多，泛娱乐类平台也大都主打这方面。大量从业者加入到短视频队伍中来，明星、网红、行业大咖率先尝试做泛娱乐内容，成为第一批受益者。

例如：在电视剧《欢乐颂》发布会上，刘涛的直播曾吸引了70余万粉丝观看；宋仲基直播与北京粉丝的见面会赢得了1100万的在线观看；Papi酱的广告拍卖会也吸引了50万人观看……仅仅这些数据，就足以表明短视频在泛娱乐领域的发展空间巨大，将长期引领短视频内容制造的主要方向。

关于泛娱乐的直播或短视频，很多企业也是积极参与，试图打造一个属于自己的泛娱乐营销平台，通过平台向用户提供特色的产品或服务。

案例1

豆蔓互娱是一个在互联网经济时代崛起的泛娱乐视频类品牌，长期致力于以娱乐为基点的服务。旗下的豆蜜直播主攻泛娱乐领域，将直播与互动有效结合，开辟了娱乐体验的新模式。

豆蜜直播是一个兼娱乐与金融互动的平台，借助豆蔓互娱强大的资源背景，主攻泛娱乐互动直播及资讯服务，致力于为目标人群提供一个全新的泛娱乐生活方式，让用户充分体验到娱乐与金融的跨界乐趣。

作为豆蔓互娱旗下的产品，豆蜜直播也在整合跨界资源，包括与熊猫、YY、live直播、一直播、企鹅直播以及文体行业的知名人士合作，建立深度战略合作关系。比如曾联合篮球明星孙悦，开启篮球巨星直播体验。据平台统计，直播期间约有30多万网友同时在线观看，其间，孙悦和网友进行了频繁的互动，观看人数节节攀升高达44万人次。

随着中国市场年轻化,娱乐化营销的趋势越来越强,短视频在泛娱乐领域呈现出一片繁荣的景象,然而好景不长,2018年刚开始就遭遇了第一次打击,抖音红利潮水迅速退去。这是源于大大小小的300余家短视频平台进入到2017年后,有1/3的短视频平台陷入了沉寂,鲜有融资的行动,有的甚至陷入了经营困境。在这波遭遇中,抖音营销的生存环境受到冲击,而且网红主播也十分艰难,很多主播依靠抖音难以支撑下去。

如日中天的泛娱乐为什么会忽然陷入困境?出现这种情况的原因一方面是受利益驱动,将市场盲目扩大,使外部资金大规模涌入,造就了抖音的虚假繁荣。另外一方面是因为运营不良,忽略了用户感受和用户体验。

各短视频平台在泛娱乐领域的争夺越来越白热化。就在不少平台面临危机的同时,抖音作为短视频行业的排头兵却展现出强劲的竞争力。抖音在泛娱乐领域有着先天的优势和鲜明的标签。

短视频类产品固然很多,但每个都有自己独特的特点,它们的娱乐化营销也各有不同。抖音的独特之处主要表现在两点:第一,打赏模式上有所创新;第二,时刻奉行着用户至上的经营策略。

(1) 独特的打赏机制

大多泛娱乐平台的盈利模式是打赏制,主播与平台按比例分成。打赏,是各大短视频平台最主要的盈利模式之一。目前,所有的短视频平台都设有打赏功能,而且取得了巨大成功。如主打秀场业务的YY,就是通过粉丝打赏实现盈利变现。

什么是打赏?所谓打赏,就是粉丝(会员)先在平台上充值,购买虚拟的道具或礼物,然后再赠送给自己喜欢的主播。道具的标价不同,最后平台再将这些虚拟的道具和礼物折换成现金,而平台和主播通常按照一定的比例分成。

被用来打赏的道具各式各样,因平台不同而各有差异。道具,其实就是走个过场,在屏幕上显示几秒钟而已。设置不同的道具只是为了娱乐性和趣味性,每个平台的道具系统却是千差万别,几乎不重样,接下来以映客、YY为例,如表8-1所示。

表8-1 映客、YY上的虚拟打赏礼物

映客	虚拟打赏礼物	YY	虚拟打赏礼物
1映币	小花、西瓜、黄瓜、蘑菇、啤酒、足球	免费	花
2映币	荧光棒、电风扇、手枪	0.1Y币	棒棒糖、水果糖、鼓掌、萌哭、给跪
3映币	鞭子	0.3Y币	荧光棒、啤酒、气球、你最棒
5映币	冰激凌、抱抱、狗、气球、爱心巧克力	0.9Y币	亲一口、抱抱、我爱你
10映币	玫瑰花、巧克力蛋糕	1Y币	年度集结币
33映币	吻	2.5Y币	萝莉、乌鸦、歌神
88映币	爱心钻石	5Y币	蓝色妖姬、泰迪熊
199映币	戒指	6.9Y币	巧克力雨、亲嘴娃娃
500映币	小红包	19.9Y币	钻戒、口红、香水、项链
1200映币	跑车	199Y币	丘比特
3000映币	飞机、红色跑车	1314Y币	豪华游轮
6666映币	豪华跑车		
13140映币	游艇		

注：1元人民币=10映币；1元人民币=1Y币。

打赏，是抖音平台也是主播获得收益的重要来源，获得的打赏越多，收益也越多。具体分成与平台规定有关，不同的平台分配比例不同，人气越高获得的分配比例越高。抖音直播的礼物也很多，比如"棒棒糖""仙女棒""为你打call""Thuglife""Boom"等。

这些名字看起来除了体现出浓厚的抖音文化外，也符合当下年轻人的使用习惯以及网络流行文化。而且"棒棒糖""仙女棒"等礼物，听起来也要比高跟鞋、啤酒等清新很多。这有可能会成为区别平台的标志之一。比如提到"老铁""666"，用户就会想到快手。抖音运营人员表示，内测期间就定位抖音直播内容，与其他直播平台是区别开来的。除了常见的聊天互动，还有很多达人在直播里教粉丝一些视频的拍摄手法、跳舞技巧，甚至直接直播拍抖音。

（2）用户至上

用户至上，是新媒体运营的第一法则，抖音关注的应该是用户，而不是平台和主播。

抖音带有"潮""酷""时尚"的标签，2017年7月抖音发布了吴亦凡拍摄的"抖音×中国有嘻哈"的宣传短片，则是进一步确定了抖音年轻、时尚的调性。这个定位让抖音在开始发力时占据了优势，并吸引了大量一二线城市的年轻人，80%以上的短视频用户都在看抖音。

泛娱乐在经过了2015年的狂飙猛进，2016年的空前拥挤和惨烈后，必然遭遇2017年的冷遇。当然，这种遭遇并不意味着结束，而是一种转变。提醒那些进军泛娱乐领域的后来者必须要转变经营思路，改变经营方式，将用户需求放在第一位。

因此，抖音在做泛娱乐领域视频时思路就是狠抓用户需求，将重点聚焦在用户身上，以用户诉求为核心，将用户群进行分类的同时展示完整用户画像。要明确是谁在看抖音，他们是一群什么样的人，他们的需求是什么，他们想要在抖音平台获得什么，等。只有了解这些，才能抓住需求，从根本上做出用户喜欢的抖音内容。

对用户群体进行描述，了解他们的需求，通过满足需求来增进他们对平台的了解和黏性。那么，泛娱乐领域的用户有哪些需求呢？大致存在6种，具体如表8-2所示。

表8-2 泛娱乐领域的用户需求

用户类型	用户需求	用户特征
放松消遣型	有趣	喜欢看趣味性较高的内容；十分看重平台体验；对主播要求较高，喜欢有特色的主播；观看时间集中在睡前或周末节假日
消磨时间型	打发时间	希望随时随地都有内容看；手机端观看为主；喜欢打赏，对某一个主播依赖性较大
爱凑热闹型	围观	同时关注多个平台；对平台的人气、内容要求较高；喜欢互动性内容
追星型	与明星零距离接触	一路追星，希望体验与明星的零距离接触；为了与明星互动，喜欢打赏，且金额较大
情感慰藉型	真实感	注重主播的真实感，观看频率较高；往往是长时间观看，喜欢与主播互动；打赏消费意愿强，金额高
追逐潮流型	尝鲜	觉得抖音很火就看；观看频率较低；对平台的依赖性也较小；打赏消费的可能性也比较小

总之，对于抖音运营者来说，要想满足用户必须积极转变思路，改变运营模式。由原来重主播向重用户转变，对泛娱乐内容重新定位。可以预计，未来的泛娱乐领域竞争将会更加激烈，市场将会出现进一步分化，强者更强，弱者越弱，谁能真正抓住用户需求，谁就有可能真正立足市场。

第61招
抖音+游戏
——新一轮烧钱大战全面爆发

在短视频平台中，比较火的视频类型是游戏，在泛娱乐遭遇瓶颈之时，游戏丝毫不受影响，反而进入了一个爆发期。短视频平台上的游戏内容十分多元化，比如映客、花椒、优酷、新浪等平台等都开始涉足游戏直播。

这是一个游戏直播平台频起的黄金年代，各类平台纷纷涉足游戏直播领域，内容多样化、垂直化趋势越来越强，大大满足了不同玩家的需求。抖音，作为后来者，闻风而动，第一时间进军游戏直播，毫不吝啬地注入大量热钱，开辟了抖音游戏业务且非常有特色，赢得了一大批忠诚的粉丝。

案例2

Supercell是手游界的王者，提到Supercell，很多人首先想到的是《皇室战争》《部落冲突》《海岛奇兵》和《卡通农场》，尤其是前两款产品，堪称是"手游界的标杆"。之所以成为标杆，与Supercell在市场推广和营销方面做的大胆尝试和创新有关。

例如：2015年Supercell为《部落冲突》在Super Bowl上投放了广告，成为了首批登陆Super Bowl的手游公司之一。

又如2016年底,Supercell在Youtube发布了一则《皇室战争》的宣传片 *Clash Royale: The Last Second*。这个视频创意满满,吸引粉丝无数,播放量直接破亿,一举成为2017年度YouTube播放量第二的广告。

抖音大热之后,Supercell又把这种尝试延续到国内的本土化营销活动。2018年8月6日,一则关于《皇室战争》的抖音营销活动发酵升温,如图8-1所示。

图8-1 《皇室战争》的抖音营销活动

仅仅两天的时间,这个抖音活动短视频观看数就达到了数亿级别,截止到8日20:00,"玩游戏她是认真的"话题观看数已经突破5亿,"玩游戏他是认真的"话题观看数则已超过2.3亿。

不过,游戏类内容运营成本较大,某种意义上讲就是"烧钱"。因为为达到迅速占领市场的目的,有的平台大量投资,而是否能盈利则成为其次;而且维持日常运作的成本较高,是一笔巨额开销。"烧钱"模式一旦难以继续,经营就会陷入被动,这从侧面也反映了游戏直播盈利难的问题。不过,盈利难是整个直播短视频行业共同面临的最大难题,无论做什么领域的直播,盈利才是最关键的。

抖音是非专业游戏平台,在专业玩家、游戏发烧友这些重度用户上积累较少,因此,很少有用户经常关注,粉丝打赏率低。正因为如此,抖音游戏类短视频较其他类视频,发展相对缓慢。尽管如此,基于平台知名度和足够的用户基础,还是有很多游戏企业、商家愿意投资抖音,与其进行各式各样的合作。这也成为抖音游戏越做越大的基础,同时也便于流量变现。

那么,抖音游戏类短视频有哪些盈利方式呢?主要有4种,如表8-3所列。

表8-3 游戏类短视频常见的4种盈利方式

盈利方式	具体内容
打赏	观看者通过在主播平台上购买虚拟道具给主播送礼物
广告	以品牌广告为核心,通过CPM(千人成本)等售卖的方式进行出售游戏虚拟道具,或插入网页图片广告、植入广告等
赛事竞猜	玩家在观看比赛的同时,对赛事进行投注,这种模式类似于体育彩票
付费订阅	玩家支付一定的费用成为会员,享受平台提供的更多内容和权限

(1)打赏

与泛娱乐一样,打赏占据各大平台收入头部,这种"粉丝经济"下产生的最高效盈利模式备受欢迎。用户通过各种虚拟物品给主播打赏,既可以增加与主播的亲密度,还可以提升粉丝等级,获得直播间的更高特权。

正如虎牙总经理所言,"虎牙的主要商业模式是礼物和广告,围绕主播的粉丝经济通过虚拟礼物实现商业变现"。

(2)广告

广告是视频产品盈利最传统、最主流的做法,游戏类短视频也采用这种方式,目前在所有的游戏平台中都有广告展示位。据App Growing数据显示,2018年4月24日至5月14日,共有247款游戏在抖音投放了914个广告

广告是游戏类短视频最盈利的模式,但也有其局限性。

由于抖音游戏兴起时间短,长期处于大量投资争夺市场的阶段,多数平台为考

虑用户体验并没有大规模地开展广告业务。因此，这些展示位中都是自家平台业务的广告；而且游戏类视频相比于传统视频行业市场份额要小得多，考虑到用户体验，仅利用品牌广告位的方式其盈利空间极度有限。

（3）赛事竞猜

赛事竞猜，是指在观看比赛的同时对赛事进行投注，类似于体彩，多用于非常正式的大型赛事直播中，像虎牙、龙珠都开展了类似的赛事竞猜板块。

这种盈利模式的局限在于需要平台拥有顶级赛事的版权。一般来讲，抖音游戏赛事竞猜内容有两大来源：一是个人主播打游戏直播，二是大型赛事直播，如图8-2所示。后者能够在短期内聚集大量的用户，对于平台的影响力能产生更大的提升。而目前大多游戏抖音平台的内容主要来源是个人抖音或节目抖音，顶级的赛事版权多数处于游戏厂商手中。

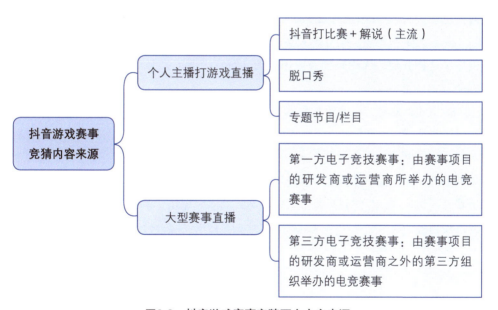

图8-2　抖音游戏赛事竞猜两大内容来源

其次，多数情况之下，抖音大型赛事主办方都会举办竞猜项目。游戏抖音能拿到赛事版权并能进行竞猜的平台需要更多的深入合作。

(4) 付费订阅

在海外游戏抖音平台Twitch中，其核心商业模式是广告和用户付费。用户付费包含会员和订阅频道，而付费订阅仅有Twitch的合作者频道才有此功能，付费订阅方面非常受限。

在国内视频网站付费订阅数惨淡的背景下，抖音正在成为游戏厂商在营销推广上不可忽视的渠道。

根据2018年5月20日数据统计平台App Growing发布的《抖音广告分析报告》，游戏行业广告数投放占比最高，为34.48%，且游戏以展示游戏场景为主，因为在投放形式方面以横版视频投放为主。而各主流渠道比较热门的金融行业广告仅占比1.32%，甚至未能名列前10。

2018年5月11日，据今日头条分享会上透露的数据显示，3月6日才开启竞价功能的抖音在1月至3月的游戏行业广告流量消耗数据已经几乎和今日头条持平。其中抖音占31.8%，今日头条占32.9%。

随着大量明星入驻与平台KOL诞生，抖音的用户构成也在变得更加多元化。得益于这种变化，无论是大公司还是独立游戏团队，抖音都已成为游戏人的重要机会。

值得注意的是，以非游戏业务为主的抖音跨界游戏内容，与专业游戏抖音平台在发展路径上、盈利模式上有所不同。两类平台自身的特性决定了其发展路径有所不同，前者更看重的是抖音产品的社交属性、完善的产品线，核心也是为了流量变现。不过，在抖音不断拓展内容边界的过程中，泛娱乐和游戏这两大典型内容正经历着趋同化转型，最终目标都是打造一站式的多元化抖音平台，呈现出了天下大同的发展趋势。

第 62 招
抖音 + 大众消费
——开启高度垂直化"浪潮"

无论泛娱乐领域，还是游戏领域，市场需求已经趋于饱和，获利难度越来越大。这也意味着短视频行业第一波红利正在褪去，但这并不能改变短视频的良好大势，短视频行业的风口依然没有过去，只是风向发生了改变。既然泛娱乐、游戏的风口已经改变，那么谁来承接这个风口呢？

在当下的市场环境中，单纯地做泛娱乐或游戏已经难以立足，取而代之的是大众消费，用网红带动消费，以短视频的形式告诉消费者消费信息，并体现良好的消费体验。鸟人直播就是这种类型，是游戏直播平台外又一个垂直性平台。

案例 3

鸟人直播，旨在打造一种线上线下全新的实时交互形式，融合美食、娱乐、社交多种场景于一体。具体运作模式是：用网红直播的形式展示商家的商品和服务，告诉消费者哪里有好吃的、好玩的和消费优惠，并营造良好的消费体验，促使商家与用户有更好的互动。

商户通过网红连接粉丝，用户通过网红连接商户，其成本低，效果可量化。有人说鸟人直播就是直播界的大众点评，商家再也不用到处打广告、找客户，客户再也不用从铺天盖地的图文信息中艰难地寻找信息。

在盈利模式上，鸟人直播沿用了直播平台的打赏制，同时又做了创新，是自己独创的一种新模式。这种模式叫打赏送消费，用户只要下载App，或与主播互动，或充值打赏都可得到等值消费，打赏越多得到的消费值越多。

这种打赏不同于泛娱乐直播平台的打赏，在鸟人直播上，所有网友的打赏均可以变成消费值，消费时可抵等额现金。这种打赏制度更看重的是消费商品或服务够不够诱人，而不仅仅是主播本人，当粉丝觉得美食足够诱人时，打赏就水到渠成，从而直接促进了餐厅的消费。鸟人直播确立了一种直播即推广，网红即引流，粉丝即会员的新营销模式。

鸟人直播在内容输出、运作模式、盈利模式，都可谓是开创性的，在主播、用户、投资人之间最大限度地找到了一个平衡点。所以，其影响力迅速遍布全国，与其合作的商家高达数万。

同时，也为商家尤其是传统电商、线下企业开辟了一条新的营销之路。因流量红利消失，获客成本变高，传统电商、线下企业的"秒杀、满减"等促销方式，对消费者再也没有那么大力度的吸引力了。所以，传统营销手段已经难以为继，短视频式营销则成为一种更有力的营销模式。短视频营销不是侧重于产品或者品牌体验，而是侧重于营造产品带来的感觉。

这也为很多立足于做抖音营销的企业提供了另外一条出路。当抖音红利在泛娱乐、游戏领域消耗殆尽之时，可以尝试着向中介性平台转变，立足于消费市场，为消费者提供一站式、场景化的消费体验。

抖音在消费领域的优势表现在以下2点。

（1）更好的消费体验

很多企业之所以看中抖音渠道也正是这个原因，希望通过抖音搞一些创意营销。

"抖音＋大众消费"的模式主要有贴片广告、视频广告（如暂停、悬浮等）、视频短片定制或植入、品牌专区及主题活动等。

在美食领域，就曾有企业利用视频短片模式切入的方式，比如视频菜谱网站掌厨、望湘园推出网络剧《你是我的菜》、新辣道联手《小时代3》推出火锅套餐，快速消费品周黑鸭更是直接将娱乐元素纳入其营销体系。

2019年巴黎春夏时装周期间，大牌云集，抖音专门为之打造了"巴黎时装周"主题活动，通过官方策划聚合，并一手采编秀场内容，联袂众多时尚品牌和明星达人，一同参与。

抖音演绎的本次巴黎时装周，带来了不一样的时装周体验。Angelababy在巴黎时装周Dior秀场撒花的视频中一身蕾丝黑色小礼裙，配上爱乐之城经典插曲，每一帧都是惊艳无比。如图8-3所示。

关于巴黎时装周现场的视频接踵而至,明星们的时装盛宴、各大奢侈品牌的秀场直击,让去不了现场的人也能在抖音上一睹为快,迅速了解到时装周前沿资讯。

(2)消除隔阂,拉近买卖双方的心理距离

"抖音+大众消费"之所以如此火,是因为这种方式更有利于买卖双方互动,容易引起消费者情感上的互动、共鸣。如云南大理诺邓火腿腌制工厂的一段视频,用户只要点开抖音链接就可以看到所有的场景,比如杨厂长正在查看屋顶上挂着的一条条火腿。"这是精选我们诺邓本地的猪后腿,用诺邓盐先腌制15天,然后发酵3年才做成的。"说着,用刀子划下一片,给周围工作人员品尝,那一刹那,香味似乎穿越过了屏幕,让观众垂涎欲滴。

图8-3 Angelababy在巴黎时装周秀场撒花的视频

再如苏泊尔杭州工厂的抖音链接,流水线上工人们正在为春节备货,为新春研发的新款电饭锅拥有漂亮的不锈钢外壳、油光锃亮的内胆。"我们正在为春节备货,这种锅煮出来的米饭特别甘甜。"不需要请明星,工作人员在镜头前主动为自家产品代言。

跨界式推广逐渐成为传统企业营销的新方式,从粉丝互动、会员管理、产品营销等多方面运用互联网,将亲民化、娱乐化和高参与感联系起来。

不同的是要把勇于创新与泛娱乐和游戏的运作思路区别开来。"抖音+大众消费"的前提就是求新、求异,给用户新的消费体验。只有这样,消费才能在抖音上真正形成,持续不断地吸引客户参与。

另外,抖音游戏、抖音泛娱乐不能过度依赖于打赏的变现模式,"抖音+大众消费"的终极目的是促成交易。因此需要着眼于产品和服务质量,将提高质量当作最核心的工作去做。

第63招 抖音+电商
——开启一系列的销售新模式

抖音转战消费市场，最受益的是电商业。抖音与电商的结合，无论是对商家还是消费者都有深刻影响。对商家而言，既可以有效降低获客成本，扩展产品知名度，也可以构建新的消费场景和路径，提高线上购物附加值和用户体验。

抖音之所以能在电商行业中优先发展起来，并且发展势头最好，源于市场、人、技术等各方面客观条件的成熟，具体如图8-4所示。

图8-4 抖音在电商行业得以发展的条件

（1）市场

市场环境是决定一个行业生存与发展的最基本条件，没有良好的市场环境一切都是徒劳。而抖音与电商之所以能结合，并迸发出强大的发展能量，首先就是得益于良好的市场环境。这里的市场环境主要关于消费者，比如用户结构、消费习惯及消费方式等,这些恰恰与抖音的平台特性相吻合,抖音电商发展的市场环境如图8-5所示。

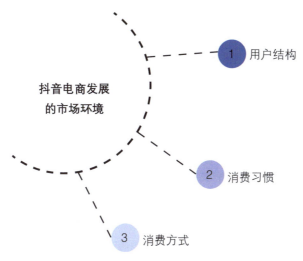

图8-5 抖音电商发展的市场环境

1)用户结构

做营销最关心的就是用户,用户结构代表着消费能力和潜力。在电商消费中用户结构偏年轻化。1990后出生的人形成的消费群体所占比重越来越大,在淘宝上,"90后"年轻用户已经占到40%。这一群体正在进入一个消费高峰期,他们更注重潮流、个性、新鲜感和娱乐精神。用户结构的变化会带来消费行为的变化,原有的获客方式以及维持用户活跃度的方法或面临失效。用户结构逐渐年轻化,也使得用户需求、消费理念发生了改变,用户的时间更加碎片化。这与抖音的特性相吻合,所以他们接受起抖音这种新形式更容易。

2)消费习惯

移动电商的到来改变了人们的消费习惯,消费者正在从传统的网页货架式消费,变成现在比较偏向场景化消费。

如用户在京东商城,或淘宝浏览客户端推荐的一些东西,传统上是通过App网页或微网站翻页寻找;而现在如果通过抖音,就可以直接进入一个生动的购物场景,假如服装正在搞情人节促销,不仅可以看到正在卖的衣服,还可以体验到情人节时应该穿什么衣服，怎么去搭配。这种变化就体现出消费的情感化、个性化。

抖音，基于优秀产品和模式设计，构建了一个互惠共生的生态圈，是构建场景化消费最好的形式之一。在营销场景下，利益相关者包括抖音运营方、商家、主播及消费者。在抖音平台上，所有参与者都能满足需求和创造价值。商家有了流量、产品知名度；主播为抖音提供视频内容、吸引流量，因自己成为关注焦点或意见领袖而获得心理满足感。对于粉丝量达到十万甚至百万级别的"大咖号"，他们还可以选择与商家合作以寻求流量变现；消费者在免费观看视频、参与互动的过程中贡献了自己的时间和注意力，创造了流量。平台运营方也将获得不菲的投资和广告收入。

3）消费方式

现在的消费者在进行线上消费时更钟情于浏览型平台，尤其是在移动端，电商用户搜索行为的比例在下降，取而代之的是浏览。因此，浏览型的电商越来越多，搜索型电商越来越少。以往那些搜索型平台，虽然营销比较精准，但由于信息展示量十分有限，当屏幕所能传递的信息有限时，好的内容便成了撬动用户注意力的杠杆，这便给了抖音这样的产品成为电商新流量入口的机会。

搜索只是网站系统中一个重要组成部分，对于用户来说只是手段。如果想实现更好的产品体验并能解决用户的需求，还必须向浏览功能转变。这也是用户为什么越来越倾向于浏览型电商的主要原因，抖音营销则完全摒弃了平台的搜索功能，将浏览功能无限放大。

（2）人

纵观那些比较火的电商抖音营销，发现有一个共同的特征，那就是依靠网红主播的带动。网红主播自带流量，有流量就会有销量，这也是电商抖音营销的一大特征。抖音催生了一大批网红，这些网红拥有忠诚的粉丝，如果将这些网红发展成主播，他们的粉丝往往是网上消费的主要群体。

可见，人是抖音电商的主体，是抖音电商营销链中不可或缺的一环。从营销的角度看，抖音电商营销其实就是在打造一个人、内容、供应链的三角供应链，如图8-6所示。在抖音中，人其实就是指网红，网红、电商、抖音构建成了一个金三角。人能产生抖音内容，内容连接了电商，电商所代表的就是供应链。

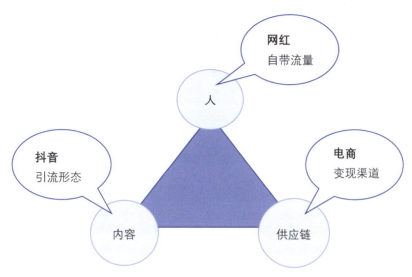

图8-6 抖音电商营销的三角供应链

做好"人"这一环,就可以产生更好的内容,连接更好的商品,提高电商的转化率,以及整体的GMV(成交总额),这是一个很良性的循环。同时我们所提到的人,也就是主播、网红,他们从中获得收益。

人因素中除了网红之外,还包括粉丝,粉丝是网红碎片信息的吸收者。有粉丝才有网红,网红刚开始的时候,可能就是因为一些即兴表演或是个人的某些属性吸引了粉丝,他们的时尚感受到了粉丝的追捧。粉丝就代表了流量,有流量之后其实可以做很多事情,包括广告、电商、打赏以及后期的一些资本运作。

(3)技术

具备上述两个条件后,并不意味着一定能做好抖音营销,在具体操作中,还需要商家多运用些技巧、策略和手段。那么,电商该如何做抖音营销呢?可从以下3个方面入手。

1)借力网红,塑造营销传播点

借力网红是电商企业做抖音营销的重要方法,可以更好地利用网红自身的流量带动消费。但电商要想借力网红,也不是直接拿钱聘请网红做主播那么简单,还需要结合很多实际情况。

比如要看到自己的行业特点、企业特点，以及主播自身与话题内容匹配程度有多高。

再比如通过抖音平台以及抖音现场的数据反馈，做好市场调研，看一下粉丝与主播的黏性和互动性有多高。

2）根据市场需求制订运营策略

当下的抖音，作为电商会以广告赞助费的方式去支持某一主播，在当下的互联网环境下，硬广告如果不做任何策略调整，其效果只能越来越差，建议电商可以从以下几点布局抖音网红。

目前抖音网红井喷式增长，但在很多行业领域完全是空白，这就给各个行业的电商提供了绝好的免费营销机会。对于空白的抖音行业领域，电商可以通过内部专家学者开通抖音平台，借力自身的意见领袖影响力，迅速占领市场。如果是市场饱和的抖音行业领域，电商就必须选择在社会上影响力较大的，大部分粉丝认可的网红，通过塑造抖音内容而不是以硬广告的方式合作。

3）直接贡献价值，让所有粉丝先受益

抖音行业，给所有电商一个巨大的营销机会——直接展现产品服务的效果，让电商的品牌潜移默化地植入客户的大脑。作为电商，要想在抖音领域做好免费营销，只需要考虑一件事，就是通过抖音持续给所有粉丝贡献价值，让所有看到的人先受益。

给粉丝直接贡献价值，可按照以下3个步骤去做，如图8-7所示。

通过先受益的方式，可以用最快的速度裂变粉丝，增加流量，电商只需要思考如何持续贡献价值，如何给予粉丝更多即可。

（4）打造超级赠品，实现粉丝终生价值

现在的网络抖音平台如果进一步发展，需要突破两大瓶颈：一是主播实名制；二是改变单一的盈利模式。而电商进入网络抖音平台恰恰要避开这两大瓶颈。

通过抖音平台既可以做新产品的推广，又可以通过抖音平台解决老客户的售后服务，实名制是抖音电商运营所必需的。

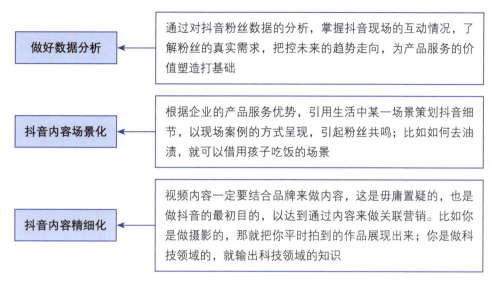

图8-7 给粉丝贡献价值的具体做法

粉丝现金充值虚拟货币，赠送自己支持的主播各种虚拟礼物和道具，进而抖音平台、主播、经纪公司三方分成的盈利模式太单一，导致直播行业进入门槛低，流量开始分散。作为电商可以将自己最有价值的产品服务作为赠品赠送给粉丝，关注粉丝的终生价值。将产品使用效果跟进作为抖音内容和话题，实现有规划地抖音推广。

打造超级赠品，就是要让电商把最能体现电商核心竞争力的产品服务拿出来，让粉丝先受益，借力粉丝见证传播电商的美誉度，塑造影响力。

第64招
抖音+旅游
——丰富旅游业的变现途径

抖音对旅游行业最大的贡献是带来了巨大的流量，改变了旧有的变现模式。诸多事例表明，无论是旅游景区，还是以提供旅游服务为主的旅行社、旅游性网站，它们在使用抖音后都取得了非常好的效果。

案例4

2018年开春以来，西安因一条抖音视频突然成为炙手可热的网红城市，其旅游收入与游客量显著增长。

位于西安城墙脚下的永兴坊因"摔碗酒"成为被抖音捧红的众多西安网红景点之一，喝着"摔碗酒"配上一曲欢快又洗脑的《西安人的歌》，如图8-8所示。永兴坊在网上迅速蹿红，吸引八方抖友纷纷前来打卡，饮一碗古城老米酒，做一回西安"社会人"。

在抖音视频中，根据"摔碗酒"而制作的视频非常多，搭配音乐，控制视频拍摄的快慢，运用滤镜、特效及场景切换等技术，创作了很多好作品。这些来自民间的短视频悄然成为西安旅游营销的利器。

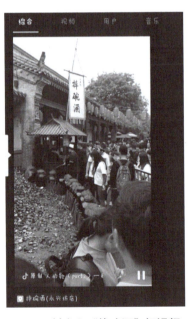

图8-8 抖音上"摔碗酒"短视频

除此之外，还有其他因抖音而爆红的景点，比如重庆的"轻轨穿楼"、厦门鼓浪屿、济南宽厚里、张家界的天门山等。这些地方都借助抖音直接呈现在了众人面

第8章 | 行业实践篇：实践出真知，抖音营销助力多个行业转型升级

前，不出门便可感受到景点的魅力，间接提升了这些景点的知名度和美誉度。

提到旅游行业，很多人首先想到的是某景点、某景区，除此之外其实还有一部分重要内容不可忽略，那就是旅游公司、旅行社、旅游网站等。随着旅游业的进一步完善，它们的地位越来越重要，充当起了旅游景点和游客之间的桥梁。一方面在为旅游景点拉客，另一方面也可为游客提供服务。现在很多游客出行选择线上预定就是这个原因，通过线上能享受更便捷的出行服务，省时省力。很多旅游公司、旅行社、旅游网站为了迎合游客需求，也在积极与抖音接轨，以改变服务方式，提升服务质量。

案例5

途牛旅游网在抖音上的账号是直接以其名命名的，如图8-9所示，其上发布有50多个抖音视频，重点介绍国内一些旅游景区。有时，还会联合影视明星举办活动，如曾与林志颖合作，就吸引了大量粉丝参与。

抖音营销延伸至旅游行业之后，很多旅游景区、旅行社及旅游服务性企业纷纷开始与抖音合作。有的直接与网红、明星合作，有的则开通YY、美拍、秒拍等抖音账号，通过自主拍摄抖音视频的形式与游客互动，向游客展示企业信息。这大大优化了服务水平，提高了服务质量，改善了企业服务中的不足，弥补缺陷；游客也可以通过抖音与企业互动提供自己的意见和建议。

图8-9 途牛旅游网的抖音视频

旅游行业对抖音的运用尚处在初级阶段，也就是说，只将其当作一种推销工具，想要直接盈利难度较大。这是旅游行业的行业特性决定的，旅游是一种精神消费品，具有虚拟性、周期性和多变性等多重特点，这也决定了游客在旅游消费时不可能像买一件衣服、买一双鞋那样，只要看好了就马上付款成交。因为中间可能有个很长的过渡期，如上半年有了旅行计划，但鉴于各种原因下半年才得以实施。

因此，无论是旅游景点还是旅行社，都不可能像电商那样直接利用抖音销售。

抖音在旅游行业的作用主要体现在宣传推广和引流上，目的是获得高曝光率和大量游客。鉴于此，旅游行业在运用抖音时就应该围绕这个目的来做。

（1）品牌推广，扩大旅游景区知名度

"世界那么大，我想去走走"，恐怕是很多人的心声。然而，由于这样或那样的原因，绝大部分人总是无法成行。如果有一种足不出户即可欣赏各地美景的方式，可以说能了却很多人的心愿。那么抖音就是这样一种方式，用镜头就可以记录世间的山山水水来满足游客的心理需求，同时，对于旅游景区也是一种无形的宣传，可以起到非常好的品牌效应。

（2）服务展示，提高游客体验

众所周知，旅游是一项体验性十分强的户外活动，因此，对于旅游景区或从事旅游服务行业的企业来讲，如何让用户更好地体验就显得十分重要。良好的体验性是吸引游客的法宝，而良好的体验性哪里来，必然是来自高质量、周到的服务。"抖音＋旅游"无疑是服务质量上的一次全面升级，网红主播亲临其境，清晰、真实、全方位的带领观众领略旅游景区，就是一种全新的体验。

（3）与粉丝互动，强化粉丝黏性

互联网时代人人都在讲用户思维、社群思维，所谓的用户思维就是时时、事事以用户为主。社群思维就是把用户集中在一个社群里，进行有效的管理。以前，我们也讲客户至上，虽然重视客户利益但往往没有互动，没有管理，客户买了东西后买卖关系就结束了，至于这些客户是否会重复购买则很难预测。而在互联网时代，由于有了很多社群，如QQ群、微信群、论坛等，就可以把用户"圈住"，并进行有效的互动与管理。

圈住了用户就圈住了利益，抖音无疑是一个更高效的社群，在这个社群里企业与游客可进行多层次、更深入的交流。对于旅游行业来说，最主要的是为旅客提供信息服务。抖音内容应该是以推送旅游信息为主。在用户了解更多信息的同时，也要加强第三方服务，如火车票服务、机票服务、餐饮服务等，为游客提供更便利的出行，让游客愿意把钱交给你。

抖音所拥有的高频率的传播，人性化的展示，以及具有社群的特性，既符合了

景区、旅游公司、旅行社的需求,也符合了游客的需求。通过以上分析可以发现,无论站在哪个角度,抖音在旅游行业的发展前景都很大。

第65招
抖音+教育
——缓解线下资源紧缺的局面

我国是教育大国,但限于教育资源的相对不平衡和紧缺,大众在获取知识、享受教育权利上有差距。北京2017届高考文科状元在接受采访时的一番话,曾经引发社会对教育资源失衡的极大关注。相对来说教育资源越好的地区,孩子越容易取得好成绩,越优秀。

然而,教育资源不平衡这也是现实,是短期内无法改变的。随着抖音的出现,这种情况可以得到大大缓解。由于抖音可完全在线上进行,突破了地域的局限,时空的界限,学习对象也不再受学历和年龄的限制,大众就可以随时随地学习。

线下教育,一位老师只能面对教室里的几十名,多则百名学生。通过抖音则不必受这些条件的限制,通过直播可同时对全国不同地区学生授课,对方只要有一部智能手机、有网络,就可以享有同等的优质资源。

同时,由于可以以更丰富的方式去教学,使课堂的趣味性大大增强,与传统的线下教育相比,学生接受起来更容易。

案例6

某企业礼仪培训机构在开设线下课程的同时,开启了线上授课,最早是用YY语音、QQ视频等,后来又创建了抖音,如图8-10所示。学员在线上听课,省时、省力，还避免了嘈杂环境的影响，真正实现了教育与短视频的结合。

类似在线教育形式会越来越多，目前已经有不少著名的教育机构，如新东方、好未来等纷纷推出自己的抖音短视频账号；阿里、腾讯、百度这三巨头也推出了自己的在线教育平台。此外，还有一些教育机构推出的在线抖音App，如叮当课堂、老师好、跟谁学、猿辅导等O2O教育平台。

目前，很多在线教育企业与线下辅导机构开始融合，产业链上下游亦开始融合，线下教育线上化，线上教育抖音化。由于"抖音＋教育"的诸多优势，大众越来越喜欢这种方式，在线抖音教育发展势头十分迅猛。很多学校、教培训育机构开通了在线教育抖音通道，通过网络直接向学员授学。

图8-10　某企业礼仪培训机构的抖音短视频

与此同时，一些线上教育机构也看中抖音教育领域的巨大商机，开辟了专门的在线教育业务。如YY教育、腾讯课堂、斗鱼教育、新东方教育等抖音平台已经取得了较大的突破，"抖音＋教育"的形式会越来越好。

目前抖音教学已经涉及很多领域，并尽可能地还原线下课堂，对于教育行业，借助抖音是一个重要方式，也是被验证的变现最重要的现代化教育模式。然而，尽管"抖音＋教育"有很多优点，但在具体实施时还会遇到很多困难，这些困难主要包括以下3点。

（1）准备工作不足

由于学习人员较为分散，每个学员所处的学习环境也不同，这样学员要在听课前做好准备工作。与此同时，老师也要做足准备工作。因此在利用抖音授课过程中，由于每个学员基础不同，提问的问题各种各样，教师不可能提前知道，因此都要做好充分准备。

（2）与线下结合较少

由于学员基础差别较大，因此要求教师要认真备课，尽可能地照顾到大多数学员，对于特殊情况进行课下沟通。

（3）成本巨大

虽然抖音的技术在不断成熟，但"抖音＋教育"门槛并不低，这也是导致其发展缓慢的重要原因。教育行业入行要求相对比较高，一方面老师培养难，另一方面是获客成本高，也是成本很难降下来的原因。据专业人士透露，每个学员的获取成本要占到总成本的20%左右，初入行者成本可能要更高。

鉴于以上原因，"抖音＋教育"进展缓慢，在整个教育体系中实际应用并不算多，远远未达到泛娱乐抖音的"全民抖音"规模，但前景是光明的，必将成为在线教育的新趋势。

第66招
抖音＋传统行业
——促使传统营销转型升级

抖音短视频营销对线上企业影响非常大，其实，不仅如此，对线下传统企业也产生了颠覆性的影响。自从抖音诞生以来，很多传统企业在进行线下营销时，因采用了抖音直播得到了非常好的效果。

小米为了向粉丝推广产品，与粉丝互动，就是通过抖音官方账号——小米手机，发布一个个有创意的视频来实现的。比如2020年新春之际，小米手机在抖音上发起了"2019感谢有你们"的活动，视频中设置了一个非常有意思的话题：说说吧，你最喜欢哪条视频。该话题吸引了大量米粉参与，再加上CEO雷军、明星的亲自出境，为话题增添了不少热度。

图8-11 小米手机抖音官方账号

正是依靠一个个有创意的小视频，使小米手机通过抖音吸引了不少粉丝。小米以抖音短视频为媒介，不仅为粉丝呈现更多精彩内容，增强了粉丝对产品的了解，还可以增强用户黏性，留住老用户，吸引新用户。

截至2020年3月份，小米手机在抖音上的官方账号已经获得397.1万粉丝，点赞量高达1579.7万。可以说，小米通过抖音成功打通了短视频营销渠道，为线上营销奠定了非常坚实的基础。

互联网、移动互联网时代，想让产品在短期内引爆市场，必须要构建一个与品类、品牌相关的场景。抖音营销正是基于场景应运而生，让用户与现场进行实时连接，并且用户与用户之间进行实时交流。如果做美妆的，可以组织一场粉丝见面会；卖红酒的可以组织一个美食品酒会；卖衣服的可组织一场T台秀；卖相机的可组织一次摄影比赛。总之，要给所宣传的品类配一个场景。有了场景，产品的价值会得到更大的彰显，同时这也给消费者一种代入感。

互联网时代，传统企业如果在营销上仍使用传统的营销方式就太落后了，随着媒体形式的变化，很多趣味性、参与性更好的营销方式越来越普遍运用，微博营销、微信营销，包括抖音营销，这些营销方式无不丰富了营销体系，成为传统营销的重要补充，而且在某些行业已经完全占据主导地位。抖音营销的兴起对传统企业而言，意味着创造了一个全新的机会。企业可以借助抖音获得全新的传播渠道。

抖音之所以成为传统企业开展营销的首选，是因为具有诸多优势。这些优势主要体现在以下5个方面。

（1）成本低

传统企业使用的传统营销方式往往会面临着较高的成本。就拿产品发布会来说，通过线下举办的大型产品发布会活动，不仅需要耗费大量的人力、财力，而且还浪费时间。通过抖音就能直接在线上给自己的粉丝、用户来一场线上宣传，让更多用户观看抖音，人数也不会因线下会场大小而受到限制，从而扩大了影响力。

（2）与粉丝交互性强

较于传统的营销，抖音营销具有更强的交互性，这直接强化了用户信任度。众所周知，很多传统企业做广告宣传，往往都是单方面的，缺少互动。而抖音通过互动，能让用户更直观清楚地了解企业，了解产品，从而让用户产生更高的信任度。

（3）到达率较高

对于传统企业来说，传统的营销最大的缺点就是用户无法实现一键操作，而且线下参与门槛也较高，到达率较低。相比之下，抖音突破了地理位置的限制，能够及时捕捉受众意向，并能实现一键式操作，到达率也大幅提升。

抖音最大的特点就是扩大了信息曝光度和传播范围，可让受众更形象、更直观地接受。如企业年会、企业培训、年度庆典、新品发布等信息，通过抖音可突破时空的限制传播到任何地方，以更立体的形式展示给观众，便于公众接受。

（4）反复观看

对于传统企业来说，传统营销方式往往因为较高的成本难以持续，而且推广形式单调，还受到地域等方面的限制，这种宣传效果也不具备可持续性。相比之下，抖音的短视频可以保存和收藏后反复观看。而这一切只需用户关注企业的抖音账号，就可以随时随地去欣赏。

（5）体验性好

传统营销方式参与度低，体验性较差。这样也就难以激发受众的兴趣。相比之下，抖音在即时性方面较强，用户参与度也非常高，能够极大提升企业与受众之间的互动，拉近彼此之间的感情。

比如向粉丝推荐一条宝石项链，用户在视频中会看到未经打磨的宝石原料，匠人制作的过程，设计师的创意设计，在观看时不仅可以购买这条项链还可以购买和这条项链搭配的耳环、服饰等等。

再比如想要了解某汽车企业推出的新车信息，以往需要登录企业官网，或查阅宣传资料。其实即使如此，往往也只能了解到一些肤浅的信息，如车型、外观，以及内饰图片等。而由于对动态的视觉感远远不够，从而导致产品无法在用户的头脑中留有深刻的印象。

抖音营销的优势集中体现在建立并拉近企业与用户的距离，深度植入与深度互动更有利于建立联系并传递企业的深层理念。这是因为抖音的动态性、即时性使其能给用户带去一种全新的感受，有些东西不能真实拥有，但可以通过别样的方式在抖音里得到满足。

正因为抖音营销较之传统营销方式有如此众多的优势，越来越多的企业都开始借助抖音来进行营销。

在媒体碎片化、分众化趋势越来越明显的时代，传统营销模式遭遇了前所未有的挑战，抖音的出现和成长促进了营销方式和商业思维的变革，也为我们带来了巨大的商业想象空间。值得注意的是，在决定做抖音营销时，要考虑自己准备向目标群体传达什么信息、是否能有效地传达企业的文化和价值观，对企业营销、推广能否有正面积极的影响，是否能促成订单转化，实现盈利。